FORUM DEUTSCHE LITERATUR 2

T0364241

Peter Stolle

Das Hitlerbild
in den Romanen
Lion Feuchtwangers

m press »

Die vorliegende Arbeit wurde 1985 im Rahmen der Ersten
Staatsprüfung für das Lehramt an Gymnasien in Marburg als
Schriftliche Hausarbeit angenommen.

Die Deutsche Bibliothek verzeichnet diese
Publikation in der Deutschen Nationalbiblio-
grafie; detaillierte bibliografische Daten sind
im Internet über http://dnb.ddb.de abrufbar.

Umschlagabbildung: Janne Poelz

Printed in Germany

Gedruckt auf
chlorfrei gebleichtem, säurefreiem und
alterungsbeständigem Papier (ISO 9706)

ISBN 3-89975-466-2

Verlagsverzeichnis schickt gern:
Martin Meidenbauer Verlagsbuchhandlung
Erhardtstr. 8
D-80469 München

www.m-verlag.net

„Zu denken, daß ich es war,
der alles das gemacht hat."

(Lion Feuchtwanger: Erfolg, Buch 4, Kap. 30, S. 651)

Inhalt

1. Einleitung

In Feuchtwangers literarischem Schaffen nimmt die Zeit zwischen 1930 und 1945 eine auffällige Sonderstellung ein. In dieser Zeit entstehen neben historischen Romanen, die Feuchtwangers eigentliches Genre repräsentieren, seine fünf Zeitromane und zwei längere persönliche Erlebnisberichte. Feuchtwanger reagiert damit auf die politischen Umwälzungen, die der Aufstieg und die Herrschaft der Nationalsozialisten in Deutschland mit sich bringen. Der Faschismus und die Möglichkeiten seiner Bekämpfung stehen dann auch im Mittelpunkt dieser Romane und Berichte. Eine wichtige Stellung in Feuchtwangers Auseinandersetzung mit dem Nationalsozialismus nimmt die direkte Kritik an Adolf Hitler ein, die Feuchtwanger durch Hitler-Figurationen in seinen Romanen äußert. Feuchtwangers Hitlerfiguren, Rupert Kutzner in 'Erfolg', Nero-Terenz im 'Falschen Nero' und Hitler in den 'Brüdern Lautensack' stehen daher im Mittelpunkt dieser Untersuchung. Darüber hinaus wurde auch der zweite Teil der Wartesaal-Trilogie, 'Die Geschwister Oppermann', berücksichtigt, in dem Feuchtwanger Kernpunkte seiner Kritik an Hitler durch andere Figuren vorbringen lässt. So entsteht ein Überblick über Feuchtwangers Hitlerbild zwischen 1930, 'Erfolg', und 1943, 'Die Brüder Lautensack', mit den Zwischenstationen 1933, 'Die Geschwister Oppermann' und 1936, 'Der falsche Nero'. Ergänzt werden soll dieses Bild durch Äußerungen Feuchtwangers über Hitler in einer Reihe von Aufsätzen, Reden und Briefen. Unberücksichtigt blieb in dieser Untersuchung die Figur des Domitian in 'Der Tag wird kommen'. Regierungsstil und Persönlichkeit des dritten flavischen Kaisers zeigen zwar deutliche Anspielungen auf den deutschen Diktator, eine direkte Analogisierung, wie sie im 'Falschen Nero' zu erkennen ist, liegt hier aber nicht vor. Die Figur des Domitian lässt sich nur im Gesamtkontext der 'Josephus Trilogie' angemessen interpretieren und weist in diesem Zusammenhang über die Verschlüsselung Hitlers weit hinaus. Sie wird daher vom Verfasser nicht als Hitler-Figuration angesehen.

Angesichts der Bedeutung von Hitler-Figuren in Feuchtwangers faschismuskritischem Werk muss es erstaunen, dass eine umfassende Untersuchung über dieses Thema bislang nicht vorliegt. In der Forschungsliteratur wird dieser Punkt oft nur am Rande und kursorisch erwähnt.

Demgegenüber ist es Ziel dieser Untersuchung, Feuchtwangers Darstellung des Führers der NSDAP aus zwei unterschiedlichen Perspektiven zu beleuchten.

Nach grundlegenden Ausführungen zur Problematik einer Hitler-zentrierten Behandlung des Nationalsozialismus und zur Person Feucht-wangers, soll in einem ersten Arbeitsschritt das Hitlerbild Feuchtwangers in seinen einzelnen Facetten über den Untersuchungszeitraum verfolgt werden. Diesen Längsschnitten durch das Romanwerk zwischen 1930 und 1945 folgt dann der Versuch, die Bedeutung der Hitlerfiguren im Roman-kontext darzustellen, das gewonnene Bild durch eine Betrachtung in Quer-schnitten zu ergänzen. Das Ergebnis dieser beiden Arbeitsschritte soll schließlich in einem Fazit zusammengefasst und im Hinblick auf Paradig-men seines Hitlerbildes untersucht werden.

Im Hintergrund der kritischen Beleuchtung dieser Paradigmen steht weni-ger die Frage nach der Authentizität des Feuchtwangerschen Hitlerbildes als die nach seiner Funktion. Gelingt es Feuchtwanger, mit der Gestaltung seiner Hitlerfiguren einen relevanten Beitrag zur Erklärung und Bekämp-fung des Nationalsozialismus zu leisten?

Dabei soll zugleich die Frage nach den Möglichkeiten und Gefahren eines biographischen Ansatzes zur Erklärung der NS-Diktatur erörtert werden.

2. Probleme einer personenorientierten Behandlung des Nationalsozialismus

> „Was wir Nationalsozialismus nennen, ist ohne seine (Hitlers) Person undenkbar. Jede Definition dieser Bewegung, dieser Weltanschauung, dieses Phänomens überhaupt, die den Namen Hitler nicht enthält, verfehlt ihren Gegenstand. In der Geschichte des Aufstiegs der Bewegung ebenso wie in der Periode ihres Triumphes bis hin zum katastrophal verzögerten Ende war er alles in einem: Organisator der Partei, Schöpfer ihrer Ideologie, Taktiker ihres Machtstrebens, rhetorischer Massenbeweger, dominierender Bezugspunkt, Wirkungszentrum und kraft des 'Charismas', über das allein er gebot, die einzige wirklich unabgeleitete Autorität: Führer, Retter, Erlöser."[1]

An Fests Einschätzung Hitlers lässt sich sicher manches kritisieren, doch geht es in dieser Arbeit nicht darum, eine Forschungsdiskussion um die Bedeutung Hitlers für den Gesamtkomplex Nationalsozialismus zu referieren, vielmehr zeigt dieses Zitat deutlich die spezifischen Schwierigkeiten einer biographischen Geschichtsschreibung. Fest verfolgt einen Ansatz, der die Person Hitlers zwar in einen historischen Kontext einzuordnen versucht, letztlich aber die Analyse einer geschichtlichen Begebenheit der Beschreibung einer Persönlichkeitsentwicklung unterordnet. Die Personalisierung von Geschichte birgt gerade in der Auseinandersetzung mit dem Nationalsozialismus große Gefahren in sich, da sie den endgültigen Abschluss einer Epoche mit dem Tod ihres herausragenden Repräsentanten intendiert. Im Gegensatz zu strukturgeschichtlichen Analysen, die Genese, Funktion und Wesen des Nationalsozialismus untersuchen, negiert ein biographischer Ansatz tendenziell die Wiederholbarkeit einer faschistischen Diktatur, da er sie an eine einmalige Persönlichkeit bindet.

Im Falle Hitlers wiegen die Nachteile einer biographischen Behandlung doppelt schwer, wird doch angesichts der offenkundigen Widersprüche und Unzulänglichkeiten seiner Persönlichkeit einer

> „Tendenz Vorschub geleistet, die das schwierige Geschäft der historischen Interpretation durch das scheinbar jedem mit einem gesunden Einfühlungsvermögen ausgestatteten Beobachter verfügbare Instrumentarium der Psychoanalyse ersetzen zu können glaubt."[2]

Eine Entpolarisierung der Auseinandersetzung ist die Folge. Dass man dennoch nicht umhin kann, sich mit der Figur Hitler auseinander zu setzen, hängt mit dem unvergleichlichen Personenkult zusammen, den die Nationalsozialisten um ihren Führer entfalteten. In einer Partei, in der jeder gegen jeden intrigiert, versichert man sich des Wohlwollens des Führers, indem man ihn öffentlich in den Himmel lobte. Doch viel wichtiger war die

---

[1] Fest (1980) S. 16
[2] Schöllgen (1983) S. 697

von Hitler selbst praktizierte Anknüpfung an Erlösermythen und Wunderglauben. Hitlers Aufstieg wurde zum 'Triumph des Willens' stilisiert, die Übernahme der Kanzlerwürde liest sich im Nachhinein als 'Machtergreifung'.[3] Planmäßig aufgebaut lässt sich das Bild des willensstarken, entschlossenen und unbestechlichen 'Führers' im Volk verankern. Im Dritten Reich wird der Satz 'Wenn das der Führer wüsste!' zum geflügelten Wort, Hitler wird von jeder Kritik ausgenommen, der Glaube an ihn erscheint unerschütterlich.

Den Exilanten, die den Aufstieg Hitlers aus eigener Anschauung kennen, muss es befremdend erscheinen, wie sich um diesen Mann ein Messiasmythos spinnt. Die Versuchung ist sicherlich groß, auf die Geschmacklosigkeiten des Führerkultes und den krassen Gegensatz zwischen Mythos und historischer Realität mit offener Polemik zu reagieren, wie es etwa Heinrich Mann in seinem 1933 veröffentlichten Essayband 'Der Haß' tut. Doch kann man bei dieser Form der Kritik nicht stehen bleiben. Will man dem Ausland zeigen, wer Hitler wirklich ist und will man zugleich der Frage nachgehen, wie es dazu kommen konnte, dass er Reichskanzler wurde, so bedarf es einer differenzierten Betrachtungsweise, die Überzeugungsarbeit leisten kann.

Während Berichte über die Zustände im Deutschland Hitlers gleich nach Beginn des Exils erscheinen, die beiden 'Braunbücher' wichtige Aufklärungsarbeit über das Ausmaß der faschistischen Verbrechen und Terrormaßnahmen leisten, lässt eine fundierte Hitler-Biographie zunächst auf sich warten. Im Jahr 1935 erscheint dann Rudolph Oldens Biographie 'Hitler', der zu Beginn des folgenden Jahres der weitaus erfolgreichere erste Teil der Hitler-Biographie Konrad Heidens unter dem Titel 'Adolf Hitler. Das Zeitalter der Verantwortungslosigkeit' folgt; 1937 schließt Heiden seine Biographie mit dem Band 2 'Ein Mann gegen Europa' ab.

Vor allem Oldens Biographie entzieht sich dem Druck, 'bislang unentdecktes Material' veröffentlichen zu wollen. Statt in Anekdotisches abzuschweifen, schält er stringent eine Konstante in der Hitlerschen Weltanschauung und Politik heraus: Hitlers Rezept besteht darin, sich bestehende, mächtige Einrichtungen, in erster Linie die Reichswehr, geneigt zu machen und dennoch als Revolutionär zu erscheinen. Entsprechend zeichnet Olden Hitlers Aufstieg und Machtübernahme als Revolution im Schutz der alten Mächte und hält dem Opportunisten Hitler häufig das unerreichte Beispiel Mussolini vor Augen. Dann verirrt sich die Kritik in der Feststellung, dass Hitler

---

[3] vgl. Wippermann (1983) S. 735 ff.

nicht das Format des italienischen Diktators habe. Darin zeigt sich eine weitere Schwierigkeit der personenzentrierten Behandlung des Faschismus. Woran soll man Hitler messen? Soll man ihm das Ideal des bürgerlichen Staatsmannes entgegen halten, oder den kraftvollen Diktator oder allgemeiner gesprochen das Bild des 'großen Mannes'? Welche Wertmaßstäbe werden akzeptiert, wenn man diese Vergleichsgrößen zu Rate zieht, und welchem Geschichtsbild sitzt man damit auf? Unweigerlich drängt sich eine Interpretation von Geschichte als Aneinanderreihung von Haupt- und Staatsaktionen auf, die auf das Wirken mehr oder minder souveräner Staatsmänner zurückgeführt werden. Dieser Vorwurf trifft Olden sicher nur bedingt, aber auch er kann sich der Schwäche des Ansatzes nicht ganz entziehen. Heiden hingegen neigt in seinem Buch zum Psychologisieren, er versucht in einer Fülle von Detailschilderungen, die Hitlers Persönlichkeit prägenden Einflüsse darzustellen und anhand beredter Bilder seine Psyche zu beleuchten. Dieses Vorgehen erscheint ihm insofern statthaft, als er bereits in zwei anderen Büchern die Genese des Nationalsozialismus und den Aufbau des Hitler-Staates behandelt hat.[4]

> „Die Schilderung der Hauptperson mußte dabei zu kurz kommen; das Menschliche, Private, vieles Anekdotische wegfallen. In diesem Buch versuchte ich es zu geben. Ich halte das für gerechtfertigt. 'Adolf Hitler ist Deutschland', wurde von heute maßgebender Stelle verkündet; nun so versuche ich, in Adolf Hitler dies heutige Deutschland zu erklären."[5]

Was beiden Autoren gelingt, ist ein Bild Hitlers zu zeichnen, das ihn weder als bloße Witzfigur erscheinen lässt, die man nicht ernst zu nehmen braucht, noch dämonisiert und damit einen irrationalen Schrecken an die Stelle der kritischen Auseinandersetzung rückt. Dabei scheinen dennoch beide Biographien geeignet, diese unterschiedlichen Reaktionen auf Hitler verständlich zu machen.

> „Man hat mich früher wegen Überschätzung dieses Gegners getadelt; ich muß heute bisweilen solche Tadler von ehemals ihrerseits vor Überschätzung warnen. Es scheint an dem eigentümlichen Magnetismus dieser Persönlichkeit zu liegen, daß sie die Urteile nach oben oder unten verrückt."[6]

Es liegt wohl weniger an einem 'Magnetismus' als an historischen Realitäten, dass die Beurteilung Hitlers unter seinen Zeitgenossen Schwankungen unterworfen war. Die Stabilisierung seiner Macht, das kampflose Zurück-

---

[4] Bei diesen beiden Büchern handelt es sich um 'Geschichte des Nationalsozialismus. Karriere einer Idee'. Berlin 1932 und 'Geburt des Dritten Reiches. Die Geschichte des Nationalsozialismus bis Herbst 1933' Zürich 1934

[5] Heiden (1936) S. 6

[6] ebd.

weichen seiner Gegner ließen den 'hysterischen Clown' in vielen Köpfen zum 'hysterischen Teufel' werden.

Diese Unsicherheit in der Einschätzung des Charakters Hitlers und seiner Bedeutung ist mit dafür verantwortlich, dass Hitlerfiguren in der Exilliteratur gar nicht so häufig sind, wie man vielleicht annehmen könnte. Feuchtwanger bildet mit seinen expliziten Hitlerromanen die Ausnahme. Ihm stellen sich die gleichen Probleme wie den Hitlerbiographen.

3. Lion Feuchtwanger im antifaschistischen Widerstand

Um Feuchtwangers Reaktion auf Hitler und die Nationalsozialisten verständlich zu machen, erscheint eine skizzenhafte Darstellung der Grundpositionen und Entwicklungslinien seines politischen Bewusstseins vor und während der Nazi-Diktatur unverzichtbar. Da Feuchtwanger in erster Linie als politischer Emigrant einzustufen ist, kann eine solche Darstellung nicht mit dem Jahre 1933 einsetzen, sondern muss frühere Erfahrungen berücksichtigen. In der Behandlung der Entwicklung im Exil erscheint ein Themenkomplex von besonderer Bedeutung, Feuchtwangers Haltung zur Volksfront und der stalinistischen Sowjetunion, da sie über Jahrzehnte die Feuchtwanger-Rezeption in der Bundesrepublik beeinflusste, oder besser verhinderte.

3.1 Politisches Engagement vor dem Exil

> „Vom Großbürgertum kommend, vollzieht sich in ihm unter dem Eindruck der Kriegsereignisse 1914 – 1918 eine Wandlung, die ihn zum engagierten, schließlich zum sozialistischen Schriftsteller werden läßt, der Geschichte aus dialektischer Sicht betrachtet."[1]

An dieser Darstellung Karl Stockers stimmt eigentlich nur die Angabe über die Herkunft Feuchtwangers, die insofern auch zu relativieren ist, als Feuchtwanger die Kriegsereignisse schon längst nicht mehr aus der Perspektive der gesicherten bürgerlichen Existenz wahrnimmt. Stockers Auffassung sei hier nur zitiert, um Feuchtwangers individuelle Entwicklung mit landläufigen Klischees zu kontrastieren.

Feuchtwanger wurde vom Ausbruch des Krieges in Tunesien überrascht, kurz interniert, bis ihm die Flucht vom französischen Nordafrika ins neutrale Italien gelang. Zurück in Deutschland wurde er eingezogen, erwies sich aber nach kurzer Zeit als kriegsuntauglich, sodass er seinem Schriftstellerberuf in München weiter nachgehen konnte. Im Gegensatz zu vielen seiner Kollegen ließ sich Feuchtwanger nicht von der allgemeinen Kriegseuphorie anstecken und schrieb schon in den ersten Jahren des Krieges Theaterstücke mit pazifistischer Tendenz, die zumeist der Zensur zum Opfer fielen. Besonderen Wert legt Feuchtwanger später darauf, bereits im Jahre 1914 ein revolutionäres Gedicht verfasst zu haben, das in der 'Schaubühne' ge-

---

[1] Stocker (1982) S. 232

14

druckt wurde.[2] Der Erste Weltkrieg hat auf Feuchtwanger also in anderer Weise Einfluss genommen, als etwa auf Thomas Mann.

> „Der Krieg liefert dem orientierungslosen und resignierten Literaten einen Gegenstand, an dem er die positiv gesicherten Werte einer jüdischen Erziehung und einer humanistischen Bildung erstmals mit Leidenschaft zur Anwendung bringen kann, es ist sein erster großer Konflikt mit einer Gesellschaft, die ihm bis dahin lediglich in ihrer Schläfrigkeit und Biederkeit mißfallen hat."[3]

Im Gegensatz zu Ernst Toller oder Gustav Landauer führt die Kritik an der Gesellschaft des Kaiserreiches bei Feuchtwanger jedoch nicht zu aktivem politischen Engagement in der Münchner Räterepublik. Diese Zeit ist geprägt von einem inneren Konflikt Feuchtwangers, der in vielen seiner Werke thematisiert wird, im Exil in den Hintergrund tritt, im Alterswerk wieder an Bedeutung gewinnt, der Auseinandersetzung mit „dem Menschen, gestellt zwischen Tun und Nichtstun, zwischen Macht und Erkenntnis"[4]. Dieses Thema, das sich abgewandelt auch als die Auseinandersetzung zwischen 'Nietzsche und Buddha' oder 'Okzident und Orient' präsentiert, ist eng mit der Reflexion über die Rolle der Juden innerhalb der Geschichte verbunden, in denen Feuchtwanger die historischen Träger des Verschmelzungsgedankens sieht.

Feuchtwangers erste literarische Behandlung einer antisemitischen, völkischen Bewegung, die 'Gespräche mit dem Ewigen Juden' aus dem Jahre 1920, kritisiert die reaktionären Bünde des Münchens nach der Zerschlagung der Räterepublik vor allem vom Standpunkt einer von Juden mitgeprägten Zivilisation. In dieser satirischen Abrechnung mit der zweitausendjährigen Tradition des Antisemitismus findet sich bereits ein wesentlicher Bestandteil der Feuchtwanger'schen Faschismusauffassung. In Parallele zur Interpretation der nationalsozialistischen Kulturfeindlichkeit als Ausdruck der eigenen Unzulänglichkeit stellt Feuchtwanger den Antisemitismus als Neidreaktion der geistig Unterlegenen dar.

> „Worauf stößt man denn, wenn man mit Antisemiten debattiert? Am Ende ist es immer die Wut der Untüchtigen auf die Konkurrenz der Begabten. Oder es stecken gar Leute dahinter, die die Erbitterung über ihre Fehler und Schurkereien auf andere ablenken wollen."[5]

---

[2] vgl. Feuchtwanger: Versuch einer Selbstbiographie (1927) S. 354 f. oder Feuchtwanger: Selbstdarstellung (1933) S. 356 – 361, vor allem S. 360. Das Gedicht Feuchtwangers heißt: Lied der Gefallenen (1914) S. 567

[3] Jaretzky (1984) S. 29

[4] Feuchtwanger: Versuch einer Selbstbiographie (1927) S. 354

[5] ders.: Gespräche mit dem Ewigen Juden (1920) S. 443

Auch die Sündenbockfunktion der Juden und die Irrationalität der Gedanken an hakenkreuzgeschmückten Biertischen wird thematisiert, am Ende aber entsteht der Eindruck, dass sich der Antisemitismus überlebt hat.

Im Zuge der Zusammenarbeit mit Berthold Brecht und der Übersiedlung nach Berlin finden verstärkt soziale Problemstellungen Eingang in das Werk und Denken Feuchtwangers. Wichtigstes literarisches Produkt dieser Zeit ist sicher der Roman 'Erfolg'. 'Erfolg' ist der erste Roman, der sich mit dem Nationalsozialismus und Hitler breit auseinandersetzt. Der 'Völkische Beobachter', das Parteiorgan der Nationalsozialisten, reagierte mit unverhohlenen Drohungen auf das Buch:

> „Nach dieser Leistung bleibt dem Löb Feuchtwanger wohl nur noch zu bescheinigen, daß er sich einen zukünftigen Emigrantenplatz reichlich verdient hat."[6]

Doch Feuchtwanger fährt fort, vor der faschistischen Gefahr zu warnen. Auf eine Umfrage der linken Tageszeitung 'Welt am Abend', wie man das Dritte Reich bekämpfen solle, antwortete Feuchtwanger mit einem Aufsatz, in dem er den Nationalsozialismus als „organisierte Barbarei Deutschlands"[7] bezeichnete, über deren Absichten man sich keinen Illusionen hingeben sollte.

„Was also die Intellektuellen und Künstler zu erwarten haben, wenn erst das Dritte Reich sichtbar errichtet wird, ist klar: Ausrottung."[8]

Doch Feuchtwanger, der im gleichen Artikel Berlin als „eine Stadt von lauter zukünftigen Emigranten"[9] sieht, richtet sich persönlich nicht auf ein Exil ein, baute er doch zu dieser Zeit an seinem neuen Haus. Nur durch Zufall entkam Feuchtwanger den ersten nationalsozialistischen Verfolgungsaktionen, da er sich im Winter 1932/33 auf einer großen Vortragsreise durch die Vereinigten Staaten befand. Nach der Wahlniederlage der NSDAP in den Novemberwahlen 1932 dachte Feuchtwanger wie viele seiner Zeitgenossen, dass Hitlers Stern bereits wieder im Sinken begriffen sei. „Hitler is over"[10] erklärte er vor amerikanischen Journalisten. Weniger optimistisch äußerte er sich dann bei der Nachricht von der Übertragung der Kanzlerschaft auf Hitler am 30. Januar 1933: „Hitler means war"[11].

---

[6] 'Völkischer Beobachter', 17.10.1931, Nr. 290. Zitiert nach Jaretzky (1984) S. 68
[7] Feuchtwanger: Wie bekämpfen wir das Dritte Reich (1931) S. 244
[8] ebd.
[9] a.a.O., S. 245
[10] Jaretzky (1984) S. 68
[11] Pischel (1984) S. 117

Feuchtwanger kehrte nicht nach Deutschland zurück, er traf sich mit seiner Frau in Österreich, reiste über die Schweiz an die französische Riviera, wo er sich 1934 endgültig in Sanary sur mer niederließ.

In Deutschland wurde unterdes sein Haus geplündert, sein Besitz beschlagnahmt und sein Doktortitel aberkannt. Sein Name findet sich auf der ersten Liste der Autoren, deren Werke am 10. Mai verbrannt werden sollten.

Gegenüber Arnold Zweig, dessen Frau noch Ende März 1933 nach Deutschland zurückkreiste, äußert er sich zur gleichen Zeit warnend und von der Gefahr eines solch riskanten Unternehmens überzeugt.

> „Lieber Zweig,
>
> ich bin gewiß von jeher ein Optimist gewesen, aber Ihren Optimismus verstehe ich nicht. Ich habe H(itler)s Buch gelesen und die Artikel seiner Zeitungen, und ich wußte, daß nach solchen Aufpeitschungen die Regierung den Massen Gelegenheit geben mußte, sich auszutoben. Für so skrupellose Leute war es nicht schwer, irgendeinen Vorwand zu finden.
>
> Ich hoffe, daß Sie jetzt Vorsicht genug haben werden, Frau und Kinder, solang es noch Zeit ist, an einen sicheren neutralen Ort kommen zu lassen."[12]

3.2 Volksfront und Stellung zur Sowjetunion

Unter den rund 2500 exilierten Schriftstellern nahmen die wenigen, deren Name auch im Ausland einen guten Klang hatte, bald eine Sonderstellung ein. Als sich herausstellte, dass Hitler seine Herrschaft würde stabilisieren können, mussten sich die Exilanten auf einen längeren Aufenthalt in den Gastländern einrichten. Das Exil gewann einen neuen Charakter, alltägliche Sorgen, die Sicherung der materiellen Existenz und die Auseinandersetzung mit den Bürokratien der Gastländer, die Exilanten häufig spüren ließen, dass sie bestenfalls geduldet werden, zwangen ebenso zu einer Organisation der Versprengten wie der Drang, eine Gegenöffentlichkeit zu schaffen, um über die Verbrechen der Faschisten zu berichten. Prominente Schriftsteller wie Heinrich Mann oder Lion Feuchtwanger fungierten dabei sowohl als Aushängeschild nach außen, wie als Integrationsfiguren nach innen.Im Sommer 1933 gründete sich auf Initiative Rudolf Leonhards der Schutzverband Deutscher Schriftsteller (SDS), Feuchtwanger trat ihm bei und wurde 1935 in den Vorstand berufen. Unter dem Vorsitz Leonhards gehörten dem Vorstand außerdem Anna Seghers, Egon Erwin Kisch, Al-

---

[12] Feuchtwanger an Arnold Zweig, Brief vom 25.3.1933. In: Feuchtwanger/Zweig: Briefwechsel 1933 – 1958 Bd. 1, S. 22. Zweig ließ sich mit seiner Familie in Haifa nieder.

fred Kantorowicz, Johannes R. Becher, Ludwig Marcuse und Heinrich Mann an, Schriftsteller des linksliberalen bis kommunistischen Spektrums.[13] Noch breiter gefächert war die politische Provenienz im Initiativkomitee zur Gründung der Deutschen Freiheitsbibliothek, dem neben Feuchtwanger Bruno Frank, Rudolf Leonhard, Heinrich Mann, Ernst Bloch, Emil Gumbel, Hanns Eisler, Alfred Kerr, Egon-Erwin Kisch, Kurz Rosenfeld und Joseph Roth angehörten. Zusammen mit Romain Rolland und André Gide übernahm Feuchtwanger die Ehrenpräsidentschaft, während Heinrich Mann Präsident des Komitees wurde.[14] Damit war ein weiterer Schritt zur Anerkennung der exilierten Literaten als Vertreter der deutschen Kultur getan.

Vor allem im zunächst auf strikte Trennung von Politik und Literatur bedachten PEN-Club gestaltete sich diese Anerkennung anfangs nicht unproblematisch, auch hier engagierte sich Feuchtwanger für eine eigenständige Organisation der Exilschriftsteller.[15] Zusammen mit Max Herrmann Neisse und den beiden treibenden Kräften Ernst Toller und Rudolf Olden verschickte Feuchtwanger am 28.12.1933 ein Rundschreiben, in dem er für die Gründung eines Exil-PEN warb.[16] Feuchtwanger bemühte sich besonders um eine Mitgliedschaft Thomas Manns, dessen Renomée als Nobelpreisträger dem Exil-PEN verliehen hätte, doch Thomas Mann lehnte ab. Dafür erklärte sich Heinrich Mann bereit, die Präsidentschaft zu übernehmen. Vor allem durch die zähe Arbeit Rudolph Oldens gelang es, den Exil-PEN sowohl unter den Emigranten als auch im Internationalen PEN zu etablieren. Unter seinen Mitgliedern fanden sich Antifaschisten der verschiedensten politischen Überzeugung, auch wenn das Gewicht der bürgerlichen Schriftsteller hier größer als im SDS war.

Höhepunkt der Bemühungen des SDS, eine Einheitsfront der Schriftsteller der Kulturfeindlichkeit der Nationalsozialisten gegenüberzustellen, war der 'I. Internationale Schriftstellerkongreß zur Verteidigung der Kultur' vom 21. – 25.6.1935 in Paris. Etwa 250 Schriftsteller aus 38 Ländern nahmen an dieser eindrucksvollen Demonstration der Einigkeit der Literaten teil.[17] Feuchtwanger hielt einen Vortrag 'Vom Sinn und Unsinn des historischen

---

[13] Vgl. Jäger/Skierka (1984) S. 162
[14] vgl. a.a.O., S. 163
[15] vgl. zu den Vorbehalten des PEN gegenüber politischem Engagement die vorsichtige Formulierung Feuchtwangers in seiner Rede auf dem XV. Int. PEN-Kongreß in Paris: "Auch die zweite Resolution, welche die deutsche Gruppe im Kongreß vorschlägt, ist nicht etwa von politischen Rücksichten diktiert, sondern sie rührt her aus der tiefen Sorge um die deutsche Literatur, ..." Wie das Dritte Reich die Schriftsteller verfolgt. S. 169
[16] vgl. Der deutsche PEN-Club im Exil 1933 – 1948 (1980) S. 46
[17] vgl. Jäger/Skierka (1984) S. 164

Romans', in dem er die Bedeutung des historischen Romans in der Auseinandersetzung mit der Gegenwart unterstrich. Diese Veranstaltung der Schriftsteller steht im Kontext der verstärkten Bemühungen zur Schaffung einer antifaschistischen Einheitsfront auf der politischen Ebene. Heinrich Mann und Lion Feuchtwanger zählten neben den Sozialdemokraten Braun und Breitscheid und dem Kommunisten Koenen und Münzenberg zu den Mitgliedern des 'Aktionsausschusses für Freiheit in Deutschland', der sich im gleichen Zeitraum konstituierte.[18] Auch an der Arbeit des 'Vorbereitenden Ausschusses für die Schaffung der Deutschen Volksfront' nahm Feuchtwanger teil[19]. Er unterzeichnete im Dezember 1936 den Aufruf zur Bildung einer deutschen Volksfront.[20]

Zudem gab er seit 1936 zusammen mit Willi Bredel und Berthold Brecht eine der wichtigsten Literaturzeitschriften des Exils heraus, das in Moskau erscheinende 'Wort'. 'Das Wort' hatte sich zum Ziel gesetzt, im Sinne einer Volksfront auch nichtkommunistische Autoren die Möglichkeit einer Publikation einzuräumen.

Die Jahre 1935 und 1936 waren die Blütezeit der Volksfrontbestrebungen. Aufbauend auf den Erfahrungen mit einer Einheitsfront der Hitlergegner im 'Saarkampf', die sich entgegen den Leitlinien der beiden Arbeiterparteien Sopade und KPD an einigen Orten entwickelt hatten, änderte die KPD mit der 'Brüsseler Konferenz' im Oktober 1935 ihre Strategie im antifaschistischen Kampf grundlegend. Von nun an forcierten alle KPD- und KPD-nahen Organisationen die Bildung einer Volksfront.

Dabei konnten die KPD-Funktionäre mit einer prosowjetischen Stimmung innerhalb der Emigrantenkreise rechnen, da sich die UdSSR in den vergangenen Jahren als einzig konsequente antifaschistische Großmacht erwiesen hatte. Die westlichen Demokratien hatten mit ihrer Politik der Nichteinmischung oder freundlichen Duldung die Erwartungen vieler Demokraten enttäuscht. Vor allem ihre Haltung bei Ausbruch des Spanischen Bürgerkriegs, die faktisch einer Unterstützung der putschenden Generalität um Franco gleichkam, erbitterte die Emigranten.[21] Die auf Seiten der republikanischen Regierung kämpfenden Internationalen Brigaden erlebten, dass sie Unterstützung nur von der Sowjetunion zu erwarten hatte.

---

[18] vgl. Pischel (1984) S. 118
[19] vgl. a.a.O., S. 119
[20] vgl. a.a.O., S. 120
[21] vgl. hierzu A. Koestler: Ein spanisches Testament, Frankfurt 1980, S. 108: "Es hatte sich in den letzten Jahren die Tradition herausgebildet, daß die Diktatoren handelten und die Demokratien protestierten. Das war eine Arbeitsteilung, die alle Welt zu befriedigen schien."

Zugleich brachte der Spanische Bürgerkrieg aber auch die ersten ernüchternden Erfahrungen, KP-Funktionäre besetzten die Apparate und begannen mit Säuberungsaktionen nach Moskauer Vorbild. Die KPdSU strebte auf dem spanischen Kriegsschauplatz eine Disziplinierung der europäischen Linken an. Gleichzeitig begannen in Moskau die ersten großen Schauprozesse, durch die Stalin die innerparteiliche Opposition liquidieren ließ. Während die Moskauer Ereignissen Schlagzeilen in der Presse machten, drangen Nachrichten aus dem Spanischen Bürgerkrieg über die Rolle der KP aus begreiflichen Gründen nur spärlich an die Öffentlichkeit.

Als Feuchtwanger im November 1936 zu seiner Moskaureise aufbrach, war die positive Einstellung vieler Emigranten gegenüber der Sowjetunion erschüttert; 'Retour de l'U.R.S.S.', der kritische Bericht André Gides über seine Sowjetunionreise, hatte Aufsehen erregt, zumal Gides Sympathien für den Kommunismus seit dem Schriftstellerkongress in Paris allgemein bekannt waren.

Feuchtwanger beschreibt seine eigene Position zu Beginn der Reise wie folgt:

> „Wir haben es in Mitteleuropa schaudernd miterlebt, was daraus entsteht, wenn man Staaten und Gesetze auf Vorurteil und Gefühl basieren will statt auf Vernunft. Ich habe Weltgeschichte nie anders ansehen können denn als einen großen, fortdauernden Kampf, den die Minorität der Vernünftigen gegen die Majorität der Dummen führt. Ich habe mich in diesem Kampf auf die Seite der Vernunft gestellt, und aus diesem Grund sympathisierte ich von vornherein mit dem gigantischen Versucht, den man von Moskau aus unternommen hat."[22]

Feuchtwangers Sympathien gelten dem Ergebnis einer Revolution, die er in der Tradition der bürgerlichen Revolution sieht und mit den Wertmaßstäben eines radikalen bürgerlichen Humanismus beurteilt. Zugleich sieht er die Sowjetunion vor dem Hintergrund der widervernünftigen faschistischen Diktatur in Deutschland. Feuchtwangers Bekenntnis zur Sowjetunion und ihrer Staatsidee ist ein Bekenntnis zur Vernunft als Grundpfeiler seiner antifaschistischen Überzeugung.

> „Eine solche Auffassung der Sowjetmacht als einer Diktatur der Vernünftigen schloß nicht unbedingt die Einsicht in den Klassencharakter der 'Sowjetdiktatur' ein, sosehr er sie auch gegen ihre bürgerlichen Kritiker verteidigte."[23]

Dass Feuchtwanger das Verständnis für die grundlegend andere Qualität einer sozialistischen Gesellschaft fehlte, zeigt sich daran, dass er trotz der Sympathien für die neue Gesellschaftsordnung keinen Versuch unternahm, das Wesen dieser Gesellschaft literarisch zu gestalten. Seiner Trilogie über

---

[22] Feuchtwanger: Ein Reisebericht (1937) S. 1100
[23] Pischel (1981) S. 231

das vorrevolutionäre Frankreich und die amerikanischen Unabhängigkeits-
kriege, 'Die Füchse im Weinberg', und seinen Revolutionsroman 'Narren-
weisheit' steht kein Werk über die Oktoberrevolution gegenüber, in seinen
Zeitromanen wird die Sowjetunion als ungestalteter Fluchtpunkt einiger
Figuren behandelt.

Unabhängig von seiner weltanschaulichen Fehleinschätzung der Sowjetunion muss allerdings seine Beurteilung der sowjetischen Realität betrachtet werden. Auch wenn man davon ausgeht, dass Feuchtwanger als Sympa-
thisierender die UdSSR bereiste, dort nicht mit dem ungeschminkten Alltag
in Berührung kam und sich die sowjetischen Gastgeber sicher alle Mühe
gaben, das Urteil Gides in Vergessenheit zu bringen, ist Feuchtwanger der
Vorwurf der Blauäugigkeit kaum zu ersparen. Es war sicher nicht so, dass
sich Feuchtwanger durch das an ihm bekundete Interesse korrumpieren
ließ, oder dass er sich auf eine Komödie mit falschen Kulissen und Darstel-
lern einließ, vielmehr dürfte der geschickte Umgang der Moskauer Führung
mit der behutsamen Kritik des Sympathisierenden für das positive Gesamturteil verantwortlich sein.

> „Ich durfte mit Genugtuung wahrnehmen, daß man mir meine Offenheit nicht verdach-
> te. Die Zeitungen publizierten an sehr sichtbaren Stellen meine Einwände, auch solche,
> die führenden Stellen vielleicht nicht passen mochten, meinen Wunsch zum Beispiel
> nach größerer Toleranz auf einigen Gebieten oder meine Verwunderung über den zu-
> weilen geschmacklos übertriebenen Kult Stalins oder mein Verlangen, es möchten die
> Motive, aus denen die Angeklagten jenes politischen Prozesses ihre Geständnisse ableg-
> ten, besser geklärt werden."[24]

Feuchtwangers 'Moskau 1937' wird so zu einem Loblied auf den Staat Stalins, in dem Kritik nur selten zu finden ist und zumeist vom Autor selbst
relativiert wird.[25] Noch mehr Aufsehen als sein Russlandbuch erregte eine
Polemik gegen André Gide, die 'Das Wort' veröffentlichte.

> „Gide hat es vorgezogen, sein Augenmerk in jeder Hinsicht auf den Mangel an Klosett-
> papier zu richten."[26]

Entgleisungen wie diese und seine Rechtfertigung des Radek-Prozesses, die
in der folgenden Nummer des 'Wortes' erscheint, bringen Feuchtwanger in
das Kreuzfeuer der Kritik. Leopold Schwarzschild greift ihn in zwei Arti-
keln seines 'Neuen Tage-Buches' scharf an, auch Feuchtwangers Freund

---

[24] Feuchtwanger: Ein Reisebericht (1937) S. 1102
vgl. auch Feuchtwangers Brief an Arnold Zweig vom 15.4.1937. In: Feuchtwanger/Zweig: Briefwechsel 1933 – 1958, Bd. 1, S. 156: "... und an sich wird eigentlich schon der Haupteinwand Gides dadurch
widerlegt, daß die gesamte Sowjetpresse diese meine Einwände sehr groß und sichtbar gebracht hat."
[25] 'Moskau 1937' lag dem Verfasser leider nicht vor, er referiert hier das einhellige Urteil westlicher Literaturwissenschaftler und Biographen, stützt sich im Folgenden aber auf zugängliche Quellen.
[26] Feuchtwanger: Der Ästhet in der Sowjetunion (1937) S. 86 f.

Arnold Zweig zeigt sich mit Feuchtwangers letzten Publikationen nicht einverstanden.

> „Ich kenne das Buch von Gide, und Lions Charakteristiken treffen in keinem Punkt zu."[27]

Unterstützung erhält Feuchtwanger indes von einem anderen Freund, Berthold Brecht, der ihm im August schreibt:

> „..., und ihr 'De Russia' finde ich das Beste, was von Seiten der europäischen Literatur bisher in dieser Sache erschienen ist. Es ist ein so entscheidender Schritt, die Vernunft als etwas so Praktisches, Menschliches zu sehen, etwas, was seine eigene Sittlichkeit und Unsittlichkeit hat."[28]

Feuchtwanger hält an seinem Urteil über die Sowjetunion fest und man kann davon ausgehen, dass er Zweigs realistische Analyse eines Bruches in der Geschichte der KPdSU nicht teilt.

> „Es wird mit nicht schwer, mich mit Bonapartes (Stalins) Realismus abzufinden; ich brauche nur Guernica und Fortsetzung als Maßstab zu nehmen. Aber es gab daneben noch eine andere Welt, in der Sozialismus und Ideen, Enthusiasmus und Freiheitsliebe ihr Wesen trieben und das unsere; und daneben will mir die Zerstörung der leninischen Partei durch den Sekretär und Realisten nicht schmecken."[29]

In den folgenden Jahren tritt für Feuchtwanger das Thema Sowjetunion in den Hintergrund. Der Roman 'Exil' lässt allerdings erkennen, dass er seine Sympathien für die Sowjetunion bewahrt hat. Sepp Trautwein, der wie Jaques Tüverlin eine autobiographische Romanfigur darstellt, bekennt gegen Ende des Romans seinem Sohn Hanns, der in die UdSSR auswandert:

> „Wenn du mich heute fragst, wie ich zu euch stehe, dann sage ich dir: ich bin ein Abbé des Marxismus. Oder, wie ihr es in eurer nüchternen Sprache ausdrückt, die keinen Saft und keine Blume hat: ich bin ein Sympathisierender."[30]

Doch zeigt der Roman auch, dass Feuchtwanger die unkritische Einstellung zur Sowjetunion wieder mit den Bedenken eines in bürgerlichen Wertvorstellungen befangenen Schriftstellers vertauscht hat, für sich selbst sieht er keinen Weg zur marxistischen Ideologie.

> „Das Alte ist doch noch nicht tot, und das Neue ist noch nicht lebendig, es ist eine scheußliche Übergangszeit, es ist halt wirklich ein jämmerlicher Wartesaal."[31]

Insgesamt bewahrt Feuchtwanger in der Folge seine Verbundenheit mit der UdSSR. Während des Krieges, als er bereits in den USA lebt, weist er wie-

---

[27] Arnold Zweig an Marta Feuchtwanger, Brief vom 22.3.1937. In: Feuchtwanger/Zweig: Briefwechsel 1933–1958, Bd. 1, S. 150

[28] Berthold Brecht an Lion Feuchtwanger, Brief vom August 1937. In: Brecht (1981)Bd. 1, S. 334

[29] Arnold Zweig an Lion Feuchtwanger, Brief vom 16.6.1937. In: Feuchtwanger/Zweig: Briefwechsel 1933–1958, Bd. 1, S. 158

[30] Feuchtwanger: Exil (1940) S. 781

[31] Feuchtwanger: Exil (1940) S. 699

derholt darauf hin, dass es vor allem der Sowjetunion zu verdanken sein wird, wenn Hitler-Deutschland den Krieg verliert.[32]

Auch die Kommunistenjagd in der Mc Carthy-Ära vermag Feuchtwangers Einstellung nicht zu ändern, er kritisiert die organisierte Hysterie in seinem Theaterstück 'Der Teufel in Boston'.

Schließlich sendet er im Oktober 1957 ein Glückwunschtelegramm zum 40. Jahrestag der Oktoberrevolution nach Moskau.

> „Das gewaltige Unternehmen, einen Staat aufzubauen, nicht nur mach dem Gebot der Stunde, sondern nach einem sinnvollen Plan, ist geglückt."[33]

3.3 Feuchtwangers Faschismusbild

In seiner Untersuchung über 'Exilerfahrung und Faschismusbild in Lion Feuchtwangers Romanwerk zwischen 1933 und 1945'[34] fasst Holger Zerrahn drei bestimmte Charakteristika von Feuchtwangers Faschismusbild zusammen, eine Dynamik des Faschismusbildes, das Fehlen einer eigentlichen Faschismustheorie und der Versuch der Verbindung unterschiedlicher Elemente der Geschichtsphilosophie in seinem Werk.[35] Diese drei Elemente bedingen einander; da Feuchtwanger über keine Theorie zur Entstehung des Faschismus verfügt, versucht er sein überkommenes Geschichtsbild den aktuellen geschichtlichen und politischen Gegebenheiten und Erfahrungen anzupassen, indem er es nach Bedarf ergänzt.

Grundlage des Feuchtwangerschen Geschichtsbildes sind zwei Thesen: Die Menschheitsgeschichte strebt unaufhaltsam auf eine höhere Vernunft zu, und Geschichte ist der Kampf

> „... einer winzigen, urteilsfähigen und zum Urteil entschlossenen Minorität gegen die ungeheure, kompakte Majorität der Blinden, nur vom Instinkt geführten, Urteilslosen."[36]

Aus diesem idealistischen Geschichtsbild entwickelt Feuchtwanger immer wieder anthropologisch-kulturhistorische Erklärungsansätze für den Fa-

---

[32] vgl. etwa Berthold Brechts Eintragung im Arbeitsjournal vom 27.10.1941 als die deutschen Truppen bis auf die Krim vorgestoßen sind: "..., aber FEUCHTWANGER zeigt alleräußerstes erstaunen, wenn jemand daran zweifelt, daß die russen noch siegen könnten. Ein zweifel daran scheint ihm reiner aberwitz. Ich freue mich sehr." Brecht (1974) Bd. 1, S. 222

[33] Feuchtwanger: Heute, am 40. Jahrestag ... (1957) S. 208

[34] vgl. Zerrahn (1984). Zerrahn behandelt in seiner Untersuchung auch die Romane der 'Josephus-Trilogie', 'Exil' und 'Simone', die in dieser Arbeit ausgespart bleiben.

[35] Vgl. Zerrahn (1984) S. 185 f.

[36] Feuchtwanger: Vom Sinn und Unsinn des historischen Romans (2935) S. 500 f.

schismus.[37] Der Nationalsozialismus präsentiert sich so als Ausbruch atavistischer, barbarischer Instinkte, als Aufstand der 'meertiefen Dummheit' und Bosheit der Menschen.[38] Feuchtwanger selbst bemerkt, dass dieser Erklärungsansatz allein dem Phänomen der NS-Diktatur nicht gerecht wird. Er versucht, ihn durch ökonomisch-soziologische Erklärungsmuster zu ergänzen, aber in der Verarbeitung dieser Ansätze wird deutlich, dass er sie für Erklärungen von sekundärer Bedeutung hält, sie werden zumeist ungestaltet als Thesen in den Romanzusammenhang eingebaut. Das Thesenhafte seines ökonomischen Ansatzes, die sich ständig wiederholenden Personenkonstellation zwischen Hitlerfigur und Drahtzieher, lässt Feuchtwanger auf den ersten Blick als Vertreter der 'Agententheorie' erscheinen. Wie wenig Bedeutung er aber letztendlich den ökonomischen Ursachen des Faschismus beimisst, zeigt sich am deutlichsten in der Gestaltung antifaschistischer Gegenmodelle. Nicht die Abschaffung des kapitalistischen Gesellschaftssystems, das die Grundvoraussetzung der faschistischen Diktatur liefert, sondern die aufklärerische Arbeit des bürgerlichen Individuums steht im Mittelpunkt des antifaschistischen Widerstands. Dieses Grundmodell seiner Einschätzung des Nationalsozialismus behält Feuchtwanger über die gesamte Zeit der NS-Diktatur bei. Die von Zerrahn beobachtete Dynamik bezieht sich nur auf die konkrete Ausgestaltung des Faschismusbildes, die in Feuchtwangers Geschichtsauffassung nicht die Bedeutung besitzt, die ihr zukäme.

So sieht sich Feuchtwanger angesichts der über Erwarten starken Verankerung des Nationalsozialismus im deutschen Volk gezwungen, seine Vorstellung von der Fundierung der NS-Herrschaft zu revidieren. Das Bild des deutschen Volkes aus den 'Geschwister Oppermann' lässt sich nicht aufrechterhalten; die Hoffnung auf die sogenannte Beefsteak-Partei, die Deutschen, die unter dem Druck der Nazis ihre demokratische Gesinnung tarnen müssen, werden enttäuscht, die Deutschen wandeln sich von einem Volk der Unterdrückten zu dem der Verführten in den 'Brüdern Lautensack'. Auch die Vorstellung über die Möglichkeiten des antifaschistischen Widerstands passt Feuchtwanger den historischen Erfahrungen an. Die Entwicklungslinie läuft von Jaques Tüverlin in 'Erfolg', der „an gutbeschriebenes mehr als an Maschinengewehre"[39] glaubt, über Sepp Trautwein, der die Notwendigkeit von Gewalt zur Herstellung einer gerechten Ordnung erkennt[40], hin zu Simone Planchard, die mit ihrer Brandstiftung zur konkreten

---

[37] vgl. Zerrahn (1984) S. 185 f.
[38] vgl. Feuchtwanger: Der Teufel in Frankreich (1942) S. 254
[39] Feuchtwanger: Erfolg (1930) S. 761
[40] ders.: Exil (1940) S. 698 f.

Aktion übergeht, auch wenn diese Tat nicht als Beginn permanenter Sabotageaktionen im organisierten Widerstand zu bewerten ist.[41]

Die Stärke der Feuchtwanger'schen Faschismusdarstellung liegt nicht in der theoretischen Fundierung und ihrer künstlerischen Umsetzung, sondern in der Gestaltung des Personals. Feuchtwangers Charakterstudien in der Anhängerschaft und unter den Mitgliedern der Nationalsozialisten tragen mehr zur Erhellung des Phänomens Faschismus bei als seine geschichtsphilosophischen Erwägungen. Feuchtwanger erliegt nicht der Versuchung, *den* Nationalsozialisten schablonenhaft etwa als hirnlosen Schläger zu konstruieren.

Stattdessen bevölkert er die Partei mit einer Reihe von Figuren, die aus unterschiedlichen Gründen und Veranlagungen zu den Nationalsozialisten gestoßen sind und ebenso unterschiedliche Ziele verfolgen.

In der Partei treffen vom Krieg entwurzelte, desillusionierte Aktivisten wie Dellmeier, Bornhaak oder Hannsjörg Lautensack, auf gewissenlose Karrieremacher wie Zinsdorff oder von Gehrke. Überzeugte Nationalsozialisten wie Heydebregg stehen Strategen der Macht wie Klenk und Proell gegenüber. Prunksüchtige Generäle wie Trebon finden in ihr genauso ihre Heimat wie sensationshungrige Damen der Gesellschaft vom Schlage einer Freifrau von Trettnow. Verführte Verführer wie Oskar Lautensack gehören ebenso zum Personal wie Erich Wiesner, der seinen Verrat am Geist verdrängt und mit Geld zudeckt. An der Basis dieser Partei finden sich gemütliche und getäuschte Kleinbürger wie Cajetan Lechner, verunsicherter Kleinunternehmer, die in den Juden ihr Verderben sehen wie Heinrich Wels, Unscheinbare, die vom Glanz des Führers profitieren wollen wie Ludwig Ratzenberger, Kinder, die das Abenteuer reizt, wie Werner Rittersteg und Leute, die nur ihren kleinen persönlichen Vorteil suchen, wie der SA-Mann Zarnke. Die Reihe lässt sich fortsetzen, mit jeder Figur tritt ein neuer Aspekt hinzu. Allen gemeinsam ist die Unzufriedenheit mit ihrer jetzigen Lage und der Glaube an eine wunderbare Veränderung. Dieser Glaube konzentriert sich auf Hitler. Feuchtwangers Hitlerdarstellung hat das zu berücksichtigen.

---

[41] vgl. ders.: Simone (1945) S. 552

4. Aspekte der Hitlerfigur als Ebenen der Auseinandersetzung

Feuchtwangers Auseinandersetzung mit Hitler konzentriert sich auf eine Reihe immer von neuem gestalteter Aspekte der Persönlichkeit. Jedes dieser Persönlichkeitsfelder eröffnet Feuchtwanger die Möglichkeit, das Fehlen der Persönlichkeit am Spezialfall nachzuweisen und pars pro toto Hitler als ein 'Nichts' zu entlarven. Die Häufung der Einzelurteile, die der Leser gewonnen hat, unterstützt das Gesamtbild und lässt den Eindruck des Pauschalurteils nicht aufkommen. Feuchtwanger lässt den Leser den entgegengesetzten Weg seiner eigenen Konstruktion gehen. Dieser setzt Einzelerkenntnisse zu einem Gesamturteil zusammen, während Feuchtwanger seine Vorstellung von Hitler auf jeden Aspekt der Hitlerfiguren übertragen hat.

Feuchtwangers Angriffe beziehen sich auf Felder, die schon als 'traditionelle Schwachpunkte' der Hitlerschen Person bezeichnet werden können, wie etwa das Äußere, die kleinbürgerliche, österreichische Herkunft oder das katastrophale Deutsch des Schriftstellers Hitler, ebenso wie auf angebliche Stärke des 'Führers'. Dabei geht es ihm um die Zerstörung zweier wichtiger Mythen, die um Hitler aufgebaut wurden: zum einen der des genialen Redners, der die Massen begeistert und zum anderen der des willensstarken großen Staatsmannes und Führers. Hier versucht Feuchtwanger nicht eine Relativierung der Fähigkeiten vorzunehmen, sondern völlige Unfähigkeit nachzuweisen.

So klar die einzelnen Aspekte der Figuren zunächst voneinander unterscheidbar erscheinen, so gehen sie nicht nur in Grenzbereichen ineinander über, sondern bedingen sich zum Teil auch gegenseitig. Führungsschwächen werden aus der sozialen Herkunft abgeleitet, Schauspielerrolle und das Verhältnis zu den Drahtziehern der Politik stehen in Wechselwirkung usw.; die klare Trennung der Aspekte erscheint also oftmals sehr willkürlich, wurde aber aus Gründen der Darstellbarkeit konsequent verfolgt.

4.1 Hitlers Physiognomie

In der politischen Auseinadersetzung spielt die karikaturistische Darstellung physiognomischer Eigenschaften als Erkennungszeichen oder Versinnbildlichung geistiger Qualitäten eine nicht zu unterschätzende Rolle. Herausragendes Beispiel aus der nationalsozialistischen Führerclique ist dabei Goebbels, dessen Klumpfuß die seiner Rolle im Herrschaftsapparat angemessene Assoziation mit dem Teufel ermöglichte. Hitler selbst bot sich für derart treffende Versinnbildlichung kaum an, obwohl sein Äußeres mit dem auffälligen, quadratischen Schnurrbart geeignet war, im Gedächtnis haften zu bleiben. Feuchtwanger kann denn auch bei der Beschreibung des Monteurs Kutzner in 'Erfolg' damit rechnen, dass der Leser in der Romanfigur den Führer der NSDAP wiedererkennt, bevor noch Kutzners politische Positionen in Gänze bekannt sind.

> „Schwieg der Monteur Kutzner, so gaben die dünnen Lippen mit dem winzigen, dunklen Schnurrbart und das pomadig gescheitelte Haar über dem fast hinterkopflosen Schädel dem Gesicht eine maskenhafte Leere. Tat aber der Mann den Mund auf, dann zappelte sein Antlitz in sonderbarer, hysterischer Beweglichkeit; die höckerige Nase sprang bedeutend auf und ab, und er entzündete Leben und Tatkraft in der Stammtischrunde."[1]

Feuchtwangers Bild des Redners Kutzner erinnert an einen Automaten, außer Betrieb entsteht der Eindruck 'maskenhafter Leere', die mit der übermäßig bewegten Mimik des agitierenden Kutzner kontrastiert. Der Eindruck des Maskenhaften Hitlers, der Fassade ohne Substanz wird auch in Johanna Krains filmischer Dokumentation des Falles Krüger angestrebt.

> „... da erschien er, der Schädel des Führers. Er bestand aus einem aufgerissenen Mund mit einem winzigen Schnurrbart und aus ach, so wenig Hinterkopf, und das war ein befreiender Moment; denn da löste sich die Spannung der Hörer in lautes Gelächter."[2]

Das Berliner Kinopublikum durchschaut die deutliche Anspielung auf Kutzners geistigen Qualitäten, die im schroffen Gegensatz zu denen seines Mundwerks stehen. In einer einzigen Einstellung wird das Wesen des Nationalsozialismus optisch umgesetzt und dem vernichtenden Lachen des aufgeklärten Betrachters preisgegeben. Feuchtwanger stellt hier die Möglichkeit des Mediums Film, politisch-aufklärerisch zu wirken, gleichberechtigt neben die Literatur, deren Vertreter Jaques Tüverlin ebenfalls erfolgreich aufklärerisch tätig ist.[3]

Die Grenzen dieser Ebene der Auseinandersetzung mit Hitler muss Feuchtwanger allerdings alsbald erkennen, das durch die optische Satire ausgelöste vernichtende Lachen des Berliner Kinopublikums bleibt optimistische Fiktion, denn realiter schien die Nichtigkeit des Führers der NSDAP den Berlinern ebenso wenig augenfällig wie den Bayern und den anderen Deutschen auch. So einfach war Hitler nicht abzutun. Entsprechend vor-

---

[1] Feuchtwanger: Erfolg (1930) S. 198
[2] a.a.O., S. 777 f.
[3] vgl. zur Bedeutung des Mediums Film in Feuchtwangers Augen neben der Krüger-Dokumentation auch das Kapitel 'Panzerkreuzer Orlow' in 'Erfolg' (S. 481 ff.) und den Essay 'Der Roman von heute ist international' (1932) sowie Brückner (1978) S, 166 – 170

sichtiger handhabt Feuchtwanger in der Folge das Konzept optischer Umsetzung der geistigen Qualitäten seiner Hitler-Figuren.

In seinem 1933 verfassten Essay 'Nationalsozialismus und Judentum' greift Feuchtwanger einen häufig erwähnten Widerspruch in der nazistischen Ideologie auf, die Diskrepanz zwischen dem äußeren Erscheinungsbild der faschistischen Führer und dem von ihnen propagierten Idealbild der 'arischen Herrenrasse'.

> „Und es ist ein überraschendes Zusammentreffen, daß gerade die Führer dieser Bewegung, die Hitler und Goebbels, weder einen langen Schädel haben, noch blaue Augen, noch blondes Haar."[4]

Doch Feuchtwanger, der mit dieser Bemerkung die Verlogenheit der Rassenideologie und ihrer Vertreter bloßstellen will, lässt sich nicht auf eine Übernahem der faschistischen Maßstäbe ein, im Kontext einer kritischen Auseinandersetzung mit der völkischen Rassenideologie erscheint ihm diese 'anekdotische' Anmerkung erlaubt: Ohne dieses Umfeld könnte sie sehr leicht zur unterschwelligen Akzeptanz der Idee einer 'blonden Herrenrasse' führen.

Diese Vorbehalte und die Einsicht in die mangelnde Aussagetiefe und Wirksamkeit karikaturistischer Darstellungen lassen Feuchtwanger in der Folge darauf verzichten, Hitlers Physiognomie als Spiegel seiner inneren Qualitäten zu gestalten. Weder Terenz im 'Falschen Nero', bei dem zudem der Zwang zur Ähnlichkeit mit Nero eine Karikierung kaum zulässt, noch Hitler in den 'Brüdern Lautensack' werden bereits von ihrem äußeren Erscheinungsbild her angegriffen.

4.2 Die Herkunft Hitlers

Feuchtwanger macht in allen Romanen, in denen eine Hitlerfigur behandelt wird, relativ detaillierte Angaben zur Herkunft dieser Figuren, deren Interpretation eine Reihe unterschiedlicher Ebenen der Auseinandersetzung mit Hitler eröffnet.

Ein erster Ansatzpunkt für Feuchtwangers Angriffe ist die geographische Herkunft aus dem österreichischen Braunau, die im krassen Widerspruch zur nationalistischen Leitidee der NSDAP steht. An diesem an sich unbedeutenden Faktum lassen sich für Feuchtwanger Irrationalität und Verlo-

---

[4] Feuchtwanger: Nationalismus und Judentum (1933) S. 471

genheit der faschistischen Bewegung festmachen. Die Gefahr in der Darstellung dieses Widerspruchs besteht darin, einem puristischen Nationalismus als Maßstab aufzusitzen. So muss Feuchtwanger, wenn er Rupert Kutzner, den Führer der 'wahrhaft Deutschen' in 'Erfolg', als Sohn einer Mutter mit einem „tschechischen Einschlag"[5] darstellt, gleichzeitig erwähnen, dass dies in der bayerischen Hochebene keine Seltenheit ist, ein Einschub, der zudem die Unmöglichkeit klarer völkischer Trennungsziehungen verdeutlicht.

Einen anderen Akzent erhält Hitlers Nationalität in den 'Geschwistern Oppermann', sie wird zum Gegenstand eines Witzes.

> „Der quicke Prokurist Siegfried Brieger riß Witze über den Führer und seine Bewegung. Der Führer war kein Deutscher, er war Österreicher, seine Bewegung war die Rache Österreichs für die Niederlage, die es im Jahre 1866 durch die Deutschen erlitten hatte."[6]

Österreich ist mit der Niederlage gegen Preußen, das hier mit Deutschland gleichgesetzt wird, aus der deutschen Geschichte ausgeschieden. Der lächerliche Versuch eines Österreichers, wieder in die preußisch-deutsche Geschichte einzugreifen, kann nur scheitern. Dass Hitler in diesem Roman dennoch zur Macht kommt, widerlegt Brieger und seinen Witz zwar historisch, lässt den Widerspruch zwischen der nationalistischen Idee und ihrem Vertreter aber bestehen. Feuchtwanger weist deshalb erneut darauf hin, wenn er die Bemühungen des nazistischen Lehrers Vogelsang scheitern lässt, das schlechte Deutsch Hitlers vor sich zu rechtfertigen.

> „Das hatte er (Hitler) freilich mutatis mutandis mit Napoleon gemein, mit dem er auch gemein hatte, daß er nicht auf dem Gebiet des Reiches geboren war, das zu befreien er kam."[7]

Vogelsang ist sich bewusst, dass der Vergleich mit Napoleon den Widerspruch ungelöst lässt.

Dennoch nimmt Feuchtwanger im 'Falschen Nero' das Thema nicht wieder auf. Nero-Terenz spricht das Lateinische mit „schönem, stadtrömischen Akzent"[8], kommt aus Rom, dem Kern des Reiches, das er erobern will und wird zudem noch eingeführt als ein Mann „sehr römisch von Aussehen"[9]. Allenfalls die Schwierigkeiten des falschen Nero bei der Aussprache des 'Th' in den beiden landesüblichen Sprachen Griechisch und Aramäisch ließe sich in Richtung auf eine fremde geographische Herkunft interpretieren,

---

[5] Feuchtwanger: Erfolg (1930) S. 375
[6] ders.: Die Geschwister Oppermann (1933) S. 41
[7] Feuchtwanger: Die Geschwister Oppermann (1933) S. 93
[8] ders.: Der falsche Nero (1936) S. 22
[9] ebd.

verliert aber im Kontext des römischen Kolonialreichs und vor dem Hintergrund der kosmopolitischen Zielsetzung seiner Politik jede tiefere Bedeutung.

In den 'Brüdern Lautensack' wird das Motiv der geographischen eng mit der sozialen Herkunft verbunden. Der heimatliche Dialekt wird zum Kennzeichen kleinbürgerlichen Milieus.

> „Wie der Führer stammte auch er (Oskar Lautensack) von der bayrisch böhmischen Grenze. Wie den Führer kostete es auch ihn Mühe, Schriftdeutsch zu reden statt des heimatlichen Dialekts ...“[10]

Die geographische Herkunft erscheint in diesem Motivpaar eindeutig in den Hintergrund gedrängt, es ist unwesentlich, welchen Dialekt Hitler spricht, die Unfähigkeit, Schriftdeutsch ohne Mühe zu reden, weist ihn als Fremdkörper im herrschenden Bürgertum aus.

Tatsächlich besitzt die soziale Herkunft Hitlers für Feuchtwanger eine weitaus größere Bedeutung als die geographische, da Feuchtwanger in ihr die Wurzel des Barbarentums der Nationalsozialisten gefunden zu haben glaubt. An der Beurteilung der NSDAP als einem Haufen von 'Barbaren' wiederum macht sich ein Großteil seines antifaschistischen Selbstverständnisses fest.

Im Bild, das Feuchtwanger von der bayerischen Gesellschaft der frühen Zwanzigerjahre in 'Erfolg' zeichnet, fällt der kleinbürgerliche Hintergrund Kutzners inmitten einer kleinbürgerlichen Gesellschaft nicht auf. Das provinzielle Umfeld, das deutlich von den Metropolen Berlin oder Paris absticht, erlaubt die Anmaßung eines Kutzner, nach der Macht zu greifen, bis zu einem gewissen Grade, da die formellen Machthaber, was beispielhaft am Regierungschef Flaucher demonstriert wird, selber nur Kleinbürger sind, die Befehle entgegennehmen.

Was Feuchtwanger dabei als 'kleinbürgerlich' versteht, lässt er Baron von Reindl, den Drahtzieher der politischen Geschicke Bayerns ausführen:

> „'Stellen Sie sich bitte', sagte er, 'ein Weltbild vor, das bestimmt wird von einem ziemlich gesicherten Monatseinkommen zwischen zweihundert und tausend Goldmark. Die Menschen, die geboren sind für ein solches Weltbild, sind Kleinbürger.'“[11]

Diese auf die Mentalität einer Klasse abzielende Definition zeigt deutlich Feuchtwangers Absage an eine ökonomisch begründete Klassendefinition im Sinne des Marxismus. Die Auseinandersetzung mit der Mentalität des Kleinbürgers prägt dann auch Feuchtwangers Darstellung der nationalso-

---

[10] ders.: Die Brüder Lautensack (1944) S. 32
[11] Feuchtwanger: Erfolg (1930) S. 421

zialistischen Bewegung in Bayern, Kutzners eigenes kleinbürgerliches Milieu fügt sich in das Gesamtbild ein. Auch in den 'Geschwistern Oppermann' zielt Feuchtwanger mit seiner Kritik auf das Weltbild, das Führer und Anhängerschaft verbindet, eine antidemokratische Autoritätshörigkeit. Doch klingt in der Verachtung der großbürgerlichen Hauptpersonen für Hitler und die Nationalsozialisten bereits eine Betrachtungsweise an, die in den späteren Romanen an Bedeutung gewinnen soll und die soziale Deklassierung des Nationalsozialismus zum Ziel hat. Zunächst wird das Elitebewusstsein einer geschmäcklerischen, bürgerlichen Oberschicht jedoch noch mitverantwortlich für ihr Versagen vor der „Barbareninvasion"[12] gemacht.

Gegenüber der beiden ersten Werken der 'Wartesaal-Trilogie' lässt sich im 'Falschen Nero' ebenso wie in den 'Brüdern Lautensack' eine deutliche Positionsverschiebung erkennen.

Terenz, der den falschen Nero spielen wird, wird zwar als Leiter einer keramischen Fabrik und Vorstand der Töpferinnung von Edessa eingeführt, dass er sich als 'Schutzbefohlener' des Senators Varro bezeichnet, erklärt der Erzähler mit „purer Anhänglichkeit"[13], doch erfährt die Figur im Laufe des Romans einen ständigen Abstieg in der Beurteilung der sozialen Herkunft. Zunächst stellt sich heraus, dass Terenz' Vater noch leibeigener Varros gewesen ist.[14] Varro selbst bezeichnet Terenz im Stillen als „armseligen Kleinbürger"[15], was besonders auffällig erscheint, da Feuchtwanger im Gegensatz zu Brecht konsequent an den historischen Standesbezeichnungen festzuhalten pflegt. Als Varro aus politischen Gründen seine Tochter Marcia mit Terenz-Nero verheiraten muss, werden der Standesunterschied und die Anmaßung des Terenz erneut durch eine soziale Herabstufung unterstrichen.

> „'Wenn ich nicht irre', sagte sie (Marcia), 'ist das einer deiner Freigelassenen. War nicht sein Vater der Leibeigene, der in unserem Haus in Rom die Wasserleitungen und Latrinenrohre repariert hat?'"[16]

Dieses konsequente Absinkenlassen des Nero-Terenz auf die Stufe des 'Pöbels' geschieht nicht nur in den Augen der traditionellen Machtelite um Varro und König Philipp, der Erzähler identifiziert sich offensichtlich mit diesem Urteil. Die 'barbarischen' Exzesse lassen sich mit der Anmaßung des 'Pöbels', dem jede Art von Kultur fehlt, hinreichend erklären. Am Bei-

---

[12] Feuchtwanger: Die Geschwister Oppermann (1933) S. 120
[13] ders.: Der falsche Nero (1936) S. 21
[14] vgl. a.a.O., S. 23 u. S. 35
[15] a.a.O., S. 43
[16] Feuchtwanger: Der falsche Nero (1936) S. 113

spiel einer Szene im Kronrat der neuen Regierung Nero-Terenz verdeutlicht Günter Heeg den Standort der Feuchtwanger'schen Satire[17]: Anstatt durch die Entlarvung der angemaßten Herrschaft des Nero-Terenz mit dem Plagiat auch das Original als fehlerhafte Herrschaftsform zu brandmarken, begnügt sich Feuchtwanger damit, „die fehlerhafte Abweichung vom Standpunkt der Ordnung aus (zu) kritisieren"[18]. Er zielt damit objektiv auf eine Stabilisierung der Herrschaftsverhältnisse vor dem Machtantritt Hitlers, die Behauptung der Macht in den Händen derer, die auf Grund ihrer sozialen Herkunft gewohnt sind, zivilisiert mit ihr umzugehen. Die Wurzeln dieses „elitären Antifaschismus"[19] und Feuchtwangers Affinität zum Bürgertum liegen offensichtlich in seiner Auffassung der Rolle des Künstlers in der Gesellschaft. Das traditionelle Bildungsbürgertum scheint ihm als einzige Klasse in der Lage zu sein, dem Künstler und Intellektuellen die ihm angemessene Bedeutung zuzusprechen. Es ist damit der geborene Gegner der kulturfeindlichen Nationalsozialisten meint Feuchtwanger in Überschätzung der Bedeutung des kulturellen Überbaus. Da sich Feuchtwanger über die Funktion der Intelligenz in einer sozialistischen Gesellschaft nicht im Klaren ist, kann er von dieser Seite aus kein positives Gegenmodell entwerfen.

Nur wenig abgeschwächt findet sich die Strategie der sozialen Deklassierung in den 'Brüdern Lautensack' wieder.

> „'Aber diese Leute, diese Hitler und Lautensack, das ist doch ein anderes Milieu. Die haben nun einmal keinen Sinn für Anstand und Würde. Ich weiß nicht, ob unser Herr Lautensack es als Beleidigung empfindet, wenn man ihn einen Schwindler nennt. En fin, il n'est pas de notre monde',"[20]

Der Industrielle Fritz Kadereit, ein Vertreter der gebildeten, bürgerlichen Oberschicht und Finanzier der Nationalsozialisten, hält seiner Frau in gewollter Überspitzung den Standes- und damit auch Kulturunterschied gegenüber den Vertretern des 'Pöbels' vor Augen. Der Erzähler wahrt hier eine gewisse Distanz zum Urteil Kadereits.

> „Das waren klug gesetzte Worte, und auch diesmal reagierte Ilse nach Wunsch."[21]

Feuchtwanger indes verfolgt eine neue Verarbeitungsmöglichkeit der Herkunft Hitlers und des unbändigen Ehrgeizes, es der 'großen Welt' zu zeigen. Nationalsozialistische Politik wird auf die Kompensation eines gigantischen Minderwertigkeitskomplexes reduziert. Diese erstmals im 'Fal-

---

[17] vgl. Heeg (1977) S. 132
[18] ebd.
[19] Naumann (1983 b) S. 70
[20] Feuchtwanger: Die Brüder Lautensack (1944) S. 157
[21] ebd.

schen Nero' angelegte Interpretationsschiene wird in den 'Brüdern Lautensack' ausgebaut.

Das Gefühl des Terenz, in Zukunft unter den Mächtigen ein gewichtiges Wort mitreden, ja sogar an die Spitze der Machthierarchie treten zu können, das sich bei ihm sofort einstellt, als er bemerkt, wie betroffen Varro, der Schöpfer des falschen Nero auf die Selbstverständlichkeit reagiert, mit der Terenz seine Rolle ausfüllt, mündet in eine makabre Szene.[22] Terenz, der seinen Staatssekretär Knops auf die Proskriptionsliste gesetzt hat, gibt ihm die Chance sein Leben zurückzugewinnen, wenn er die Frage nach der Identität Neros in drei Versuchen befriedigend beantwortet. Die ersten beiden Antworten zielen auf eine einfache Bestätigung des Kaisertum Neros und genügen nicht. Beim letzten Versuch antwortet Knops:

> „'Du bist mein Kaiser Nero Claudius Terenz.'"[23]

Diese Antwort rettet ihm sein Leben.

> „Er hat begriffen, daß es einiges bedeutet, als Nero geboren zu sein, aber mehr, sich selber aus einem Terenz zum Nero gemacht zu haben."[24]

Die Kompensation des Minderwertigkeitskomplexes trägt in ihrer Verkennung der tatsächlichen Machtverhältnisse und der Rigorosität, mit der Terenz Bestätigung fordert, pathologische Züge.

Alltäglicher präsentiert sich derselbe Charakterzug in dem Figurenpaar Oskar Lautensack und Hitler. Trotz der auf Typenbildung abgezielten Parallelisierung der Charaktere beider soll hier nur auf eindeutig Hitler zuzuordnende Darstellungen eingegangen werden. Feuchtwanger spricht den Minderwertigkeitskomplex Hitlers sehr deutlich aus, ohne die Möglichkeit einer Interpretation in eine andere Richtung zuzulassen. Er stellt damit den Leser vor die Wahl, ein definitives Bild zu akzeptieren oder nicht.

> „Der Führer war von kleiner Herkunft wie er (Oskar Lautensack). Wie er war er in der Schule sitzengeblieben und hatte es dem strengen Vater nicht recht machen können. Wie er wartete er darauf, daß die feinen Leute in Berlin von seiner Leistung sagen würden: 'Das ist ja kolossal.',"[25]

Bezeichnenderweise führt Feuchtwanger hier auch noch nebenbei die sprachliche Beschränktheit dieser Kategorie von Aufsteigern vor, deren Ausdrucksmöglichkeit sich in einem 'Das ist ja kolossal' erschöpft. Noch auffälliger wird die Besessenheit von der eigenen Minderwertigkeit in dem

---

[22] vgl. Feuchtwanger: Der falsche Nero (1936) S. 40
[23] a.a.O., S. 294
[24] ebd.
[25] ders.: Die Brüder Lautensack (1944) S. 53

Gefühl des Triumphes, das die erzwungene Beachtung unter den Mächtigen in Hitler und Lautensack hervorruft.

„Sie schauten einander ins Auge, sie fühlten sich zusammengehörig hier unter den feinen Leuten, der Sohn des Magistratssekretärs und der Sohn des Zollinspektors. Sie hatten es geschafft. Nicht nur Einlaß hatten sie sich erzwungen bei den Großkopfigen, nein, die mußten obendrein ehrfürchtig um sie herumstehen und wie die Haftelmacher aufpassen auf jedes Wort, das sie sprachen."[26]

Das Bewusstsein der eigenen Unterlegenheit kennzeichnet im Besonderen den Umgang Hitlers mit der traditionellen Machtelite und soll dort in anderem Zusammenhang neu thematisiert werden.

Feuchtwangers psychologisierende Betrachtung, die in ihrer sozialbedingten Herleitung elitäres Bewusstsein erkennen lässt, wird von ihm durch Schilderungen der Kindheit und des Elternhauses der Hitlerfiguren untermauert. Rupert Kutzner beweist seinen durchtriebenen Charakter schon als Kind, wenn er einem Schulkameraden hinterrücks ein Bein stellt, sodass sich dieser schwer verletzt, er selbst sich aber der Bestrafung entziehen will und erst durch den Hunger nach Hause getrieben wird.[27]

In einer anderen Szene spuckt Rupert bei der Kommunion die Hostie wieder aus und steckt sie in die Tasche. Der Trieb zum besonderen, außergewöhnlichen Vergehen, dem Sakrileg, wird mit Schulverweis geahndet.[28] Die Familie Kutzner präsentiert sich als eine Ansammlung mehr oder minder starker psychopathologischer Fälle. Der Mutter vermengen sich die Leistungen ihrer beiden Söhne, des Boxers und des Politikers.[29] Der Onkel Xaver, der unter anderem mit obszönen Ansichtskarten gehandelt hatte, hat in der Inflation sein Geld und darüber auch seinen Verstand verloren.[30] Ruperts Bruder Alois schließlich, ein gutmütiger, frommer und einfältiger Boxer, hat sich in die Idee der Befreiung des legendären Bayernkönigs Ludwig II. verrannt, dass er dafür einen Mord begeht.[31] Der Schluss liegt nahe und wird sicher von Feuchtwanger intendiert, die 'Wahrhaft Deutschen' als Ausgeburt eines wirren, wenn nicht gar irren Kopfes anzusehen. Mit dieser Lösungsmöglichkeit entzieht Feuchtwanger seinem Bild der Anfänge der Nazi-Bewegung einen Teil des politischen Gehaltes, den er zuvor aufgebaut hat.

---

[26] Feuchtwanger: Die Brüder Lautensack (1944) S. 100
[27] vgl. ders.: Erfolg (1930) S. 376
[28] vgl. a.a.O., S. 637
[29] vgl. Feuchtwanger: Erfolg (1930) S. 375
[30] vgl. ebd.
[31] vgl. a.a.O., S. 613

An die Stelle des pathologischen Umfeldes in 'Erfolg' tritt in den 'Brüdern Lautensack' eine traumatische Vaterfigur, die auch für den Erwachsenen Hitler unerreichbarer Bezugspunkt seines Handeln bleibt. Die Spannung zwischen freiwilliger Unterordnung und schrankenlosem Machtwillen erklärt Feuchtwanger aus den widerstreitenden Wünschen Hitlers, es einerseits dem strengen Vater Recht machen zu wollen, sich andererseits durch die eigene Leistung aus dieser Vaterbindung zu lösen, und 'es dem Vater zu zeigen'[32]. Lehrbuchhaft setzt Feuchtwanger die Figur Hindenburgs als Projektion dieses Vaterkomplexes ein.

> „Vor Hitler aber, wie er sich so des Wortbruches zeihen und zusammenstauchen lassen muß, steigt das Bild des Herrn Vaters auf, des Zollinspektors."[33]

> „Er kann sich nicht helfen; wenn der Alte mit seinem Krückstock vor ihm steht und mit seiner brüchigen, kelerigen Stimme sagt: 'Herr Hitler, das gehört sich nicht', dann kommt er sich vor wie seinerzeit als Bub vor dem Herrn Vater."[34]

Auch an diesen beiden fast identischen Beschreibungen des Hitlerschen Seelenlebens wird deutlich, wie sehr Feuchtwanger daran gelegen ist, den Leser auf eine Interpretation festzulegen, das Erklärungsmuster für die Handlungen Hitlers wird vorgegeben. Das Ende der Herrschaft Hitlers erscheint unausweichlich, denn Hitler ist in den Augen Feuchtwangers tatsächlich der Versager, der ewige Schulabbrecher.[35]

Gemeinsames Kennzeichen aller von Feuchtwanger an Hitlers Herkunft festgemachten Angriffe ist das Moment der Herabsetzung und Abwertung, das einer Auseinandersetzung auf politischer Ebene eher ausweicht.

Feuchtwangers Ansatz, Hitler über seine Herkunft anzugreifen, ist zudem nicht ganz unproblematisch. Zunächst läuft Feuchtwanger Gefahr, zusammen mit Hitler auch diejenigen zu treffen, deren Herkunft Hitlers gleicht, ohne seine Ideologie und Politik zu teilen. Außerdem lässt Feuchtwangers Kritik eine Interpretation zu, nach der sich der Angriff auf die Emporkömmlinge als Absage an jede soziale oder revolutionäre Bewegung verstehen lässt, da die Fassade bürgerlicher Kultur, auf die sich Feuchtwanger bezieht, die realen sozialen Verhältnisse zu verdecken droht.

Feuchtwanger steht mit diesem Problem nicht allein in der Exilliteratur. Gerade in den ersten Jahren der faschistischen Herrschaft in Deutschland dominiert in der antifaschistischen Literatur ein Bild Hitlers und der NSDAP-Führung, das auf Deklassierung in sozialer und kultureller Sicht

---

[32] vgl. der.: Die Brüder Lautensack (1944) S. 54
[33] a.a.O., S. 170
[34] Feuchtwanger: Die Brüder Lautensack (1944) S. 261
[35] vgl. a.a.O., S. 32

abzielt und zugleich versucht, Hitler damit als ein 'Nichts' darzustellen, dessen Herrschaft nicht von Dauer sein kann.[36]

Daneben bewirkte die offensive Kulturfeindlichkeit des Nationalsozialismus unter den Exilanten einen Rückbesinnungs- oder Rückzugsprozess auf tradierte kulturelle Werte und ihre Protagonisten, die Bildungsbürger.

Dabei geriet man trotz der Politisierung des täglichen Lebens, die für viele eine verstärkte Zuwendung zum Sozialismus bedeutete, in die Gefahr eines latenten Konservatismus. Dies galt für die künstlerische Form in weit größerem Maße als für die Inhalte.[37]

Auch Feuchtwangers psychologisierender Erklärungsansatz für das Verhalten Hitlers erschien vielen seiner Kollegen naheliegend angesichts der offenkundigen Irrationalität der faschistischen Ideologie.[38] Dabei versprach gerade dieses Erklärungsmuster keinerlei politischen Nutzen in einer ideologischen Auseinandersetzung und versperrte sie geradezu. Der nationalsozialistischen Anhängerschaft und dem Millionenheer von Mitläufern weismachen zu wollen, sie seinen einem Psychopathen aufgesessen, hieße, von ihnen das Eingeständnis zu verlangen, weder politisches Bewusstsein noch den 'gesunden Menschenverstand' zu besitzen. Zudem lag die Kernproblematik dieses Ansatzes in der Versuchung, den Konflikt zwischen Weltanschauungen auf die Unterscheidung zwischen 'krank' und 'gesund' zu reduzieren, und damit die Hintergründe der faschistischen Herrschaft aus den Augen zu verlieren.

4.3 Der Schauspieler und Redner Hitler

Der Massenerfolg einer gänzlich irrationalen Ideologie, wie die des Nationalsozialismus, lässt sich nur auf Grund der von den Nazis praktizierten Ästhetisierung der Politik erklären, die von den politischen Inhalten und Widersprüchen ablenkt. Im Mittelpunkt diese Ästhetisierung stehen die demagogischen Fähigkeiten Adolf Hitlers; die Theatralik der faschistischen Großversammlungen ist zugeschnitten auf die Suggestivwirkung des Mas-

---

[36] vgl. zur geographischen Herkunft Hitlers: H. Mann: Der große Mann (1933), zur sozialen Deklassierung: Alfred Kerr: Die Diktatur des Hausknechts (1933), Th. Mann: Ein Bruder (1938), H. Mann: Im Reich der Verkrachten (1933) u.a.

[37] vgl. etwa bei Feuchtwanger die künstlerische Form in 'Erfolg' und 'Die Geschwister Oppermann'.
vgl. allgemein den Verlauf der Expressionismusdebatte

[38] vgl. vor allem Heinrich Manns Essayband 'Der Haß' aber auch Konrad Heidens Hitlerbiographie, vor allem das Kapitel 'Die beiden Hitler'.

senredners Hitler. Eine Auseinandersetzung mit ihm kann an dem Faktum seiner rednerischen Erfolge nicht vorbeigehen.

Feuchtwanger gestaltet in seinen Hitlerfiguren mehrere Aspekte dieses Problemfeldes des 'Volksführers', die jeder für sich und im Zusammenspiel darauf hinzielen, auch in diesem Bereich Hitler jede Größe abzusprechen. Die Darstellung des Redners Hitler in 'Erfolg' zeigt deutlich die Distanz Lion Feuchtwangers zu den von Hitler angewandten rhetorischen Mitteln; die eigene Unbeeindruckbarkeit schlägt sich in einer ironischen Brechung der Erfolge des Redners nieder, durch die zugleich herablassendes Mitleid mit dem Publikum dringt, das auf den Scharlatan hereinfällt. Dabei nimmt die Schärfe der Kritik parallel zur Ausbildung der rhetorischen Fähigkeiten immer mehr zu.

> „Um so beredter zeigte sich Rupert Kutzner, der Monteur, zur Zeit stellungslos. Mit heller, manchmal leicht hysterischer Stimme deklamierte er; mühelos von langen, blassen Lippen flossen ihm die Worte; mit eindringlichen Gesten, wie er sie predigenden Landpfarrern abgesehen hatte, unterstützte er seine Rede. Man hörte ihm gerne zu, er hatte Gesichtspunkte, unter denen sich die Dinge des Staates und des Tages bequem bereden ließen."[39]

In dieser Beschreibung klingt der Ausbruch Hitlers aus der Rolle eines Stammtischredners zwar in dem Umschlagen der Stimme ins Hysterische bereits an, noch dominiert aber die Atmosphäre einer gemütlichen, amateurhaften Bierstubenpolitik. Die Erwähnung der Lehrmeister Hitlers erregt in diesem Zusammenhang noch nicht den Argwohn des Lesers, doch wird mit ihr eine Motivkette eröffnet, deren Intention es ist, Hitler als gelehrigen Schüler ohne eigene Ideen zu entlarven.

Als Kutzner sich bereits als großer Volksredner etabliert hat, gewinnt sowohl der Spott über seine Rhetorik als auch die Kritik an seinen Zuhörern an Schärfe.

> „Die Leute lauschten benommen, glücklich. Der prächtige Schall Rupert Kutzners, seine bewegte Mimik riß sie mit. Sie vergaßen, daß ihre paar Wertpapiere wertlos waren, die Versorgung ihres Alters gefährdet. Wie dieser Mann es verstand, ihren Träumen Worte zu geben. Wie seine Hände groß durch die Luft fegten, gewaltig aufs Pult schlugen, sich markig reckten, wohl auch ironisch Bewegungen imitierten, mit denen die schlichteren Witzblätter jener Zeit Juden charakterisierten. Glückselig hingen sie an seinen Gesten, zwangen, wenn sie die Maßkrüge auf den Tisch setzten, die schweren Finger zu besonderer Behutsamkeit, damit nicht das Geräusch eines der köstlichen Worte übertönte."[40]

In scharfen Kontrast stehen entlarvte Theatralik des Redners, als 'prächtiger Schall', 'markige Gestik' und 'ironische Imitation schlichterer Witz-

---

[39] Feuchtwanger: Erfolg (1930) S. 197 f.
[40] Feuchtwanger: Erfolg (1930) S. 526

blätter' dem Betrachter Feuchtwanger offenkundig, und Reaktion des Publikums nebeneinander. Die Auflösung des Gegensatzes findet sich im Hinweis auf den Charakter der Zuhörerschaft, es ist die engstirnige, halbbäurische Bevölkerung der bayerischen Hochebene, mit ihren 'schweren Fingern'. Nur hier kann, so meint Feuchtwanger, Kutzners dilettantische Rhetorik verfangen.

Kutzner lässt sich problemlos auf den Besitzer einer guten Lunge, dem „kostbarste(n) Gut der Partei"[41] reduzieren. Erst gegen Schluss des Romans, als Hitler-Kutzner seine Verteidigungsrede vor dem Gericht zur Untersuchung des gescheiterten Putschversuchs halten darf, wird dieses Urteil revidiert, oder doch zumindest relativiert.

> „So hohl das war, was er, immer das gleiche, vorbrachte, Rupert Kutzner wirkte, solange er sprach, nicht lächerlich. Im Gegenteil, wie dieser Mann seinen Sturz und Zusammenbruch mit weiten Bewegungen und langhallenden Worten garnierte, das war großartig."[42]

Vom bisherigen Bild des Redners Kutzner her kaum motiviert, konstatiert Feuchtwanger sachlich die Wirkung des Redners. Hier ordnet er seine eigene Beurteilung der Hitlerschen Rhetorik einer antifaschistischen Intention des Romans unter, da er erkennt, dass das bislang gezeichnete Bild Kutzners möglicherweise einer Verharmlosung des Nationalsozialismus Vorschub leistet.

Gespalten ist das Bild des Redners Hitler auch in den 'Geschwister Oppermann'. Aus der Sicht der Nationalsozialisten hebt der Oberlehrer Vogelsang die Bedeutung der Rede für den Aufstieg Hitlers hervor, indem er sie über die Schrift stellt[43], zugleich damit den Augenblickseindruck, die suggestive Wirkung der Situation, der überprüfbaren ratio des geschriebenen Wortes vorzieht. Diese Stärke hat auch Jaques Lavendel erkannt, der die Propaganda der Faschisten als 'First-class' bezeichnet, da sie es verstehe, 'schlechte Ware' an den Mann zu bringen.[44] Der Erzähler indes sperrt sich gegen eine funktionale Beurteilung der Hitlerschen Rhetorik, nach ästhetischen Kategorien wird sie als „feierlich wild pathetisch"[45] klassifiziert und damit zugleich abqualifiziert.

Eng verbunden mit seiner doppelten Schauspielerrolle, auf die weiter unten eingegangen werden soll, erscheint das Motiv des Redners Terenz im 'Falschen Nero'. Eine Unterscheidung zwischen Redner und Schauspieler wird

---

[41] a.a.O. S. 526
[42] Feuchtwanger: Erfolg (1930) S. 726
[43] vgl. ders.: Die Geschwister Oppermann (1933) S. 92
[44] vgl. a.a.O., S. 40
[45] a.a.O., S. 306

hier nahezu unmöglich, zumal Terenz' öffentliche Auftritte nicht die eines Politikers, sondern eines sich als Rezitator versuchenden Kaisers sind. Die hier bis zur Überspitzung geführte Darstellung einer Ästhetisierung der Politik wird von zwei Seiten aus angegriffen. Den breiteten Raum beansprucht eine Kritik von Seiten der Kunst, vertreten durch die Figur des Joannes von Patmos, in der die Schauspielerrolle Terenz' der 'wahren' Kunst gegenübergestellt wird. Der Unernst Terenz'scher Politik wird in der Figur des Partherkönigs Artaban kontrapunktiert. Beide Auffassungen von Rhetorik und Politik treffen gegen Ende des Romans aufeinander.

Nero-Terenz, der in völliger Missdeutung eines pompösen Zeremoniells am Partherhof in Artaban einen gleichgesinnten Verbündeten vermutet, muss sich von diesem auseinander setzen lassen, warum man ihn fallen lässt.

> „Er (Terenz) wird einfach nicht mehr auf das hören, was Artaban da sagt, auf dieses 'also' und 'folglich' und 'da' und 'weil'. Das ist lauter Logik, ödes Vernunftgeplätscher, er aber, Nero, will an die Herzen appellieren."[46]

Auf seine emotionale Wirkung vertrauend setzt Terenz zur Erwiderung der Ausführungen Artabans an, verliert aber seine Stimme und bringt nur „mißtönendes Gekrächze"[47] zustande, das ungehört verhallt.

Vor der Vernunft der auf Argumente aufgebauten Rede des Partherkönigs muss die hohle Phrase eines Terenz ins Nichts zerfallen. Dieses Partherreich ist Feuchtwangers Verschlüsselung der Sowjetunion, des Experimentes,

> „ein riesiges Reich einzigundallein auf Basis der Vernunft aufzubauen ..."[48].

Indem Feuchtwanger das politische und rhetorische Gegenmodell in einem fremden Reich ansiedelt, ohne zu erklären, wie und warum die Vernunft sich dort durchsetzen konnte, überlässt er den Machtbereich des falschen Nero dessen „klingender Rhetorik"[49]. Doch genau wie das Gegenmodell Artabans bleibt Terenz' Redekunst praktisch folgenlos; in einer vom Volk völlig unabhängigen Machtsphäre interessiert sie den Erzähler nur in ihrer Wirkung auf den Redner selbst.

> „Er berauscht sich an dem großen Schall der Worte 'Reich, Macht, Armee, Volk, Osten', doch im Grunde waren Politik und Wirtschaft ihm gleichgültig ..."[50]

Die Rede wird nicht mehr als ein Mittel zur Lenkung der Massen aufgefasst, sondern dient dem Rausch Neros, ermöglicht ihm den Einstieg in sei-

---

[46] Feuchtwanger: Der falsche Nero (1936) S. 373
[47] a.a.O., S. 374
[48] der.: Ein Reisebericht (1937) S. 1100
[49] Feuchtwanger: Der falsche Nero (1936) S. 276
[50] ebd.

ne Kaiserrolle und das Aufgehen in ihr. Die Analogisierung mit Hitler zielt ins Leere.

Hitlers Massenwirkung wird wieder in den 'Brüdern Lautensack' thematisiert. Ohne ein Wort über den Inhalt der Rede zu verlieren, analysiert der Erzähler einen Auftritt Hitlers im Zirkus-Krone-Bau.

> „Alles fügte sich ineinander, die mächtig drohenden, schwarzen Hakenkreuze auf den weißen Kreisen der blutroten, aufreizenden Fahnentücher, die braunen Uniformen, die rauschende Musik, das Geschrei, der Dunst und die dumpfe Gier dieser Masse, die vor ihren biergefüllten Krügen darauf wartete, dem Führer, dem deutschen Messias, ihr Heil und ihre Begeisterung zuzubrüllen."[51]

Feuchtwanger zeigt zwar die perfekte Inszenierung eines Schauspiels, in dessen Mittelpunkt der Redner Hitler treten wird, beschreibt aber ein kritikloses Publikum, das von Hitler nicht erst überzeugt werden muss. Sowohl die 'dumpfe Masse' als auch Oskar Lautensack, der zwar zunächst als Kenner der Technik der Inszenierung betrachtet, dann aber von der 'Seelenverwandtschaft' mit Hitler ergriffen wird, sind nicht in der Lage, Hitler zu durchschauen, ja, Hitler ist es selber nicht.

> „Oskars Herz aber schlug im gleichen Takt wie das Herz der Masse und ließ keine Nachprüfung dessen zu, was der Mann da oben vorbrachte. Der Redner selber hatte es nicht lange nachgeprüft. Vielmehr hatte er sich in eine Art Trance versetzt. Er glaubte, während er sprach. Und darum glaubte die Masse, und darum glaubte Oskar."[52]

Von Dilettantismus, den der Erzähler an Rupert Kutzners Reden kritisiert, kann keine Rede mehr sein. Feuchtwangers Angriff zielt auf die Unverantwortlichkeit eines Redners, der sich und sein Publikum in Trance versetzt und alle Kontrollinstanzen des Verstandes ausschaltet. Diese Darstellung deckt sich mit Feuchtwangers grundsätzlichen Vorbehalten gegenüber den Manipulationsmöglichkeiten der Rhetorik. In dem Bericht von seiner französischen Internierung 1949, 'Der Teufel in Frankreich', führt er dazu auch über Hitlers 'Mein Kampf' aus:

> „Diese Stellen über den Redner und über die Propaganda sind sachverständig, sind lesenswert und werden lesenswert bleiben; denn sie kommen aus dem Innersten eines Menschen, der zu nichts geboren ist als zum Massenredner, und sie legen gegen ihre Willen dar, welche Gefahren derjenige läuft, der ohne die nötigen Vorsichtsmaßnahmen dem süßen Vergnügen frönt, einem guten Redner zu lauschen."[53]

Es bleibt offen, ob Feuchtwanger Hitler für einen guten Redner hält, zumindest konstatiert er realistisch seinen Erfolg.

---

[51] ders.: Die Brüder Lautensack (1944) S. 32
[52] Feuchtwanger: Die Brüder Lautensack (1944) S. 32
[53] ders.: Der Teufel in Frankreich (1942) S. 105

Doch Feuchtwanger genügt es in den 'Brüdern Lautensack' nicht, Hitler von einem ethischen Standpunkt aus zu kritisieren. Neben dem entrückten Massenredner steht der gelehrige, aber gescheiterte Schauspielschüler, der seine ärmliche Kunst zur Beeinflussung der Massen einsetzt. Feuchtwanger gestaltet damit ein Modell von Bewusstseinsspaltung, der Hitler ausgeliefert ist. Dabei kann er auf die Entwicklung des Schauspielermotivs in seinen Romanen zurückgreifen.

Der Schwerpunkt der Darstellung des Schauspielermotivs in 'Erfolg' liegt auf der Entlarvung der Täuschungstechniken in den Veranstaltungen der 'Wahrhaft Deutschen'. Der Hofschauspieler Konrad Stolzing übt mir Kutzner nicht nur das Auftreten und die Sprechtechnik[54], ganze Abschnitte der Rede sind vorher geprobt, anscheinend spontane Äußerungen Kutzners einstudiert, bis hin zu Zwischenrufen von Stolzing. Das Publikum wird systematisch betrogen.

> „Dreimal noch marschierte er (Kutzner), prunkvoll geleitet von seinem Stoßtrupp, durch Bierdunst und Geschrei. Dreimal noch tat der Schauspieler seinen Zwischenruf und lächelte Rupert Kutzner wie Hamlet-Stolzing gelächelt hatte auf der Bühne des Münchner Hoftheaters."[55]

Gleichzeitig benutzte Feuchtwanger die Figur Stolzings, um Kutzners Auftritte als plumpe Plagiate von Theaterszenen darzustellen. Immer wieder weist der Erzähler auf die direkte Nachahmung einer Handlung aus einem Bühnenstück hin, ohne dass etwa ein Adaptionsprozess zwischengeschaltet wäre.[56] Lakonisch registriert der Erzähler mit nahezu identischem Wortlaut das literarische Vorbild Kutzner'scher Handlungen, diesen jede Originalität absprechend und das Unwirkliche und Unernste des Politikers betonend. Die Verknüpfung von Politik und Theater lässt Feuchtwanger bereits vor dem eigentlichen Putschversuch, der selbst ein Stück 'Schmierenkomödie' ist, scheitern, als Kutzner und Flaucher über die Genehmigung der öffentlichen Fahnenweihe verhandeln. In letzter Verzweiflung geht Kutzner vor Flaucher bittend in die Knie. Doch auf dem trockenen Beamten wirkt diese Geste nur befremdend, ja sie kehrt sich gegen Kutzner, da Flaucher einen Zeugen seines Triumphes findet.[57]

Vielschichtiger stellt sich das Schauspielermotiv im 'Falschen Nero' dar, da man hier zwischen den verschiedenen ineinander verschränkten Ebenen des Terenz'schen Schauspiels unterscheiden muss. Die erste Ebene besteht in der Rolle des Kaisers Nero, die Terenz zunächst am Hof Neros und spä-

---

[54] vgl. Feuchtwanger: Erfolg (1930) S. 526 f.
[55] a.a.O., S. 527
[56] vgl. a.a.O., S. 527, 544, 645, 698
[57] vgl. Feuchtwanger: Erfolg (1930) S. 645 f.

ter in Mesopotamien zu spielen hat. Diese handlungskonstituierende Ebene findet ihre Fortsetzung in der Persönlichkeitsspaltung des „Nero Claudius Terenz"[58], der Gratwanderung des Schauspielers Terenz zwischen Kaiser- und Töpferexistenz. Die zweite Ebene ergibt sich aus der Figur des wahren Nero, der lieber Schauspieler als Kaiser war. Nero-Terenz hat als Schauspieler des Kaisers diesen als Schauspieler darzustellen, ein Umstand, der zu dem Persönlichkeitsverlust des Terenz erst führt, da sich hier Neros und Terenz' Persönlichkeiten treffen. Der Vertreter der wahren Kunst, der Schauspieler Joannes von Patmos, hat die Verschachtelung der Rollen erkannt.

> „Der Antichrist regiert. Er hat eine äußerst gefährliche Gestalt angenommen, die eines Schauspielers, der auf die Dummheit der Welt spekuliert. Was für ein Geschlecht! Ein Leibeigener macht einen Kaiser nach, ein schlechter Schauspieler einen anderen schlechten Schauspieler, und die Welt fällt auf diesen traurigen Komödianten eines Komödianten herein, jubelt ihm zu, entfesselt zu seinen Ehren eine Flut, die Tempel, Städte und schließlich die Menschheit selber vernichten muß."[59]

Zwar wird in den Überlegungen des Joannes die Kritik an der plagiatorischen Anmaßung des Terenz artikuliert, zugleich auch das Original Nero, wenn auch nur vom künstlerischen Standpunkt aus, angegriffen. Ein Hinweis auf die Notwendigkeit der Theatralik beider findet sich jedoch nicht, auch wenn Joannes feststellt, dass gerade die Gestalt des Schauspielers gefährlich sei. Denn Feuchtwanger geht es nicht um die Funktionsanalyse der Ästhetisierung faschistischer Politik, sondern um den Nachweis fehlender Persönlichkeit bei ihrem Führer. Vor diesem Hintergrund lässt sich das Phänomen der Massenbasis der NSDAP allerdings nur mit der 'Dummheit der Welt' erklären.

Scheitert der Politiker Terenz daran, dass er nicht in der Lage ist, ernsthaft Politik zu betreiben und die Gesetze der Vernunft zu beachten, so muss der Schauspieler Terenz versagen, weil er nicht mehr in der Lage ist, Schauspiel und Wirklichkeit zu unterscheiden.

> „Oft konnte er nicht mehr unterscheiden, wer er war: Terenz, der darauf wartete, seine echte Gestalt anzunehmen, die des Nero, oder Nero, der darauf wartete, in seine echte Gestalt zurückverwandelt zu werden, in den von seiner Caja behüteten Terenz. Er trug zwei Häute; welche war die echte?"[60]

Terenz-Hitler bezieht seine Identität aus der Rolle als Führer, außerhalb dieser fällt er in ein unbedeutendes Nichts zusammen. Zugleich entlarvt ihn die Vorstellung von seiner Rolle als Kleinbürger.

---

[58] ders.: Der falsche Nero (1936) S. 294
[59] a.a.O., S. 206
[60] Feuchtwanger: Der falsche Nero (1936) S. 325

„Es amüsierte und befriedigte den Varro, daß sich Terenz den Nero in keiner Situation alltäglich vorstellen konnte, sondern daß er glaubte, der Kaiser müsse sich auch im Bordell kaiserlich haben, nur an Feldmarschällen denkend und an Könige."[61]

Hier trifft sich das Motiv des Schauspielers mit dem der sozialen Herkunft. Das falsche Bild von der Macht, das sich der autoritätsgläubige Kleinbürger macht, führt zu einer falschen Anlage seiner Rolle als Machthaber. In den 'Brüdern Lautensack' wird dieser Aspekt der Hitlerfigur fortgeführt. Hitler, in der Gesellschaft seiner Geldgeber, fühlt sich gezwungen, die Rolle des 'Führers' weiterzuspielen, doch beherrscht er sie nur auf einem Felde, nämlich als Redner vor einem Massenpublikum.

„Dann unvermittelt begann er eine längere Rede, sprach über Wahlen und Parlamentarismus, sprach sich in Schwung, sprach vor diesem kleinen Kreis wie vor einer Volksversammlung. Es war aber keine Volksversammlung und Hitlers Rhetorik, trotz des guten Willens aller Beteiligten, befremdete mehr, als daß sie zündete. Er spürte es, und ebenso plötzlich, wie er zu sprechen begonnen, versank er wieder in Brüten."[62]

Hitler versagt, weil ihm ein wesentlicher Teil seiner Rolle nicht bekannt ist, in seinem Bild des 'großen Mannes' nicht angelegt ist. Der Mangel an originären Persönlichkeiten verhindert, dass er diesen Part seiner Rolle eigenständig anlegen kann.

Weniger subtil ist die Schauspielerhandlung um den Theateragenten Mantz angelegt. Über Mantz erfährt der Leser, dass Hitler den Weg in die Politik genommen hat, weil er als Schauspieler nicht angenommen wurde.

„Bei diesem Hitler versteh ich's, daß er in die Politik ging. Er hat nicht ausgereicht für die Bühne."[63]

Hitler ist der „verkrachte Schauspieler"[64], der seine armselige Kunst nun in der Politik anwendet, eine gescheiterte Existenz.

Zusammen mit der Motivkette um den Schauspieler Karl Bischoff[65], mit der Feuchtwanger wieder auf die Stolzing-Handlung in 'Erfolg' zurückgreift und das Einstudierte an Hitlers Theatralik hervorhebt, droht das Motiv des verkrachten Schauspielers das oben erläuterte Schauspielerbild zu überlagern. Die polemische Darstellung drängt die psychologisierende in den Hintergrund.

---

[61] a.a.O., S. 110
[62] Feuchtwanger: Die Brüder Lautensack (1944) S. 99
vgl. hierzu auch Hindenburgs Erstaunen über Hitlers Redeflut beim ersten Besuch im Präsidentenpalais: "Da hatte der so gut wie allein gesprochen, beinahe eine ganze Stunde, geschwollen und begeistert, wie er in seinen Versammlungen zu reden pflegte." (a.a.O., S. 63) oder vgl. ders.: Erfolg (1930) S. 198
[63] Feuchtwanger: Die Brüder Lautensack (1944) S. 63
[64] a.a.O., S. 249. vgl. auch Mantz' Überlegungen, Hitler am "Bauerntheater in Kiefersfelden" (a.a.O., S. 63) unterzubringen
[65] vgl. a.a.O., S. 32, 101, 170

4.4 Der Schriftsteller Hitler

„Es war in diesen Tagen (August 1932), daß Paul Cramer den Artikel über den Schriftsteller Hitler schrieb, jenen Aufsatz, der so viel dazu beigetragen hat, das Bild Hitlers zu
zeichnen, wie wir Späteren es sehen. Tief überzeugt, daß sich das Wesen eines Menschen unter allen Umständen spiegele in seinem Stil, zeigte Paul Cramer an Hitlers trü-
ben Sätzen seine trübe Seele auf. Mit klaren Strichen zeichnete er diesen armen Affen
Napoleons, Nietzsches und Wagners, diese wildgewordene Null, die, empört über die
eigene Minderwertigkeit, sich aufmacht, das eigene Nichts zu rächen an der ganzen
Welt."[66]

Wie Paul Cramer in den 'Brüdern Lautensack' ist auch Lion Feuchtwanger
von der Aussagekraft einer sprachkritischen Untersuchung der schriftstellerischen Leistung Hitlers überzeugt. Äußerungen zum Schreibstil Hitlers
durchziehen neben den Romanen auch viele der kleineren Werke der Exil-
zeit.

In 'Erfolg', dessen Handlung ja in der Frühphase der faschistischen Bewegung, also vor 'Mein Kampf' spielt, findet sich schon ein Hinweis auf die
schriftstellerischen Qualitäten Hitlers.

„..., der Buchdruckereibesitzer machte eine kleine Zeitung auf, die den Ideen Kutzners
gewidmet war. Gedruckt allerdings nahmen sich diese Ideen dürftig aus, ..."[67]

Zunächst begnügt sich Feuchtwanger damit, festzustellen, dass Kutzners
Ideen ohne das emotionsgeladene Umfeld der Rede an Wirkung verlieren,
da es ihnen an Substanz fehlt. In der Folge jedoch polemisiert Feuchtwanger offen gegen Hitlers Schreibstil mit der direkten Absicht, Hitler als In-
karnation der nationalsozialistischen Kulturlosigkeit darzustellen. Klaus
Mann berichtet von einem Gespräch mit Feuchtwanger aus dem Jahre
1937/38, in dem dieser von seiner Vortragsreise in Amerika im Winter
1932/33 erzählt:

„'... Ich bilde mir ein, von deutscher Prose eine Kleinigkeit zu verstehen, und so habe
ich wohl das Recht, das Ergebnis meines Kollegen Hitlers stilkritisch ein wenig unter
die Lupe zu nehmen. Leider muß ich Euch sagen: Es ist miserabel. Ausländer können
gar nicht beurteilen, wie furchtbar schlecht es geschrieben ist. Unter uns gesagt: man tut
dem Stil des Kollegen Hitler zu viel Ehre an, wenn man ihn als deutsche Prosa bezeichnet ...' "[68]

Für Feuchtwanger bedeutet die Sprachkritik nicht die Marotte eines philo-
logisch gebildeten Schriftstellers; dass er sein Deutschtum einzig aus der
Sprache und der Kultur-, vor allem Literaturgeschichte definiert[69], offen-

---

[66] Feuchtwanger: Die Brüder Lautensack (1944) S. 172
[67] ders.: Erfolg (1930) S. 198
[68] Mann, Klaus (1968) S. 306
[69] vgl. Feuchtwanger: Nationalsozialismus und Judentum (1933) S. 475 ff.

bart sich in den Deutschschwächen Hitlers für ihn die Verlogenheit der völkischen Ideologie.

> „Es entbehrt nicht einer gewissen Komik, daß gerade die Regierenden in Deutschland, die Führer jener Partei, die sich die nationale nennt, ein besonders schlechtes Deutsch sprechen und, nach dem Zeugnis ihrer eigenen Sprachwissenschaftler, nicht das geringste innere Verhältnis zur deutschen Sprache haben."[70]

Vor diesem Hintergrund ist die Figur des Rektors des Königin-Luise-Gymnasiums Francois in den 'Geschwistern Oppermann' zu bewerten. Rektor Francois lässt die Demütigung Berthold Oppermanns durch den nazistischen Oberlehrer Vogelsang widerwillig geschehen, riskiert aber Pensionsberechtigung und Freiheit bei seinen Angriffen auf das Deutsch Adolf Hitlers.

> „Das Leben zwingt einen zu Opfern des Intellekts, Donnerwölkchen hat ihm da manche Konzession abgerungen; allein so tief ist er noch nicht gesunken, daß man es wagen dürfte, ihm den Kot des Buches 'Mein Kampf' als Parfüm aufzuschwatzen."[71]

Auch der Nachfahre hugenottischer Einwanderer bezieht seine deutsche Identität aus der Sprache, der Verrat an ihr würde ihn heimatlos machen. Nach vielen Kompromissen bliebt er am Ende bei der Weigerung, 'Mein Kampf' im Unterricht der Schule zuzulassen.[72]

Damit erweitert sich die Kritik an Hitlers Schreibstil um die Frage des 'wahren Deutschland'. Dass die Führer des faschistischen Deutschlands ihre Muttersprache nicht beherrschen, entlarvt nicht nur ihre Dummheit und Verlogenheit, ihr Umgang mit dieser Sprache weist sie als Feinde des 'wahren Deutschland' aus, das sich über seine Geistesgeschichte definiert, und treibt dessen Vertreter in Widerstand und Emigration.[73]

Daher erklärt Feuchtwanger sein eigenes Exil aus dem Umstand, dass er Hitlers 'Mein Kampf' einer stilkritischen Analyse unterzogen und sein Ergebnis dieser Analyse öffentlich immer wieder geäußert hat.

> „Da der Schriftsteller L.F. erklärt hatte, unter den 164 000 Worten, die Hitlers Buch 'Mein Kampf' enthält, befänden sich 164 000 Verstöße gegen die deutsche Grammatik oder die deutsche Stillehre, wurden seine eigenen Bücher geächtet, ..."[74]

Dass Feuchtwanger als Verfasser von 'Erfolg' und einer Reihe politischer Artikel den Nationalsozialisten weit eher ein Dorn im Auge war, denn als Kritiker der Sprache Hitlers ist ihm selber sicher auch bewusst gewesen,

---

[70] a.a.O., S. 477
[71] ders.: Die Geschwister Oppermann (1933) S. 94
[72] vgl. Feuchtwanger: Die Brüder Lautensack (1944) S. 275 ff.
[73] vgl. Pischel (1984) S. 123, dort das Vorwort zur ersten Ausgabe des 'Wortes'
[74] Feuchtwanger: Der Autor über sich selbst (1935) S. 368. vgl. auch ders.: Offener Brief an den Bewohner meines Hauses Mahlerstraße 8 in Berlin (1935) S. 492 f. oder Klaus Mann (1968) S. 306

aber es entspricht seinem Verständnis von Sprachstil als einem Spiegel der gesamten Persönlichkeit, dass er die Kritik an Hitler in dem Urteil über seinen Stil zusammenfassen kann. Entsprechend konzipiert er die Figur Paul Cramers in 'Die Brüder Lautensack'. Die eingangs zitierte Passage fasst die Bedeutung der Stilanalyse zusammen und artikuliert nebenbei Feuchtwangers Anspruch, mit diesem Ansatz zur Beschreibung der Persönlichkeit Hitlers das Hitlerbild in der Geschichte entscheidend mitzuprägen. Unterstrichen wird die Bedeutung dieses Ansatzes durch das Schicksal Paul Cramers. Zwar ist es die gekränkte Eitelkeit des schriftstellernden Adolf Hitlers, die Cramer das Todesurteil beschert, doch deutet dieser seinen Tod als Bestätigung für die Notwendigkeit seines Handelns.

> „Hitler las den Aufsatz über Hitlers Stil. Hitler rötete sich. Heftig, durch die große, dreieckige Nase stieß er die Luft aus. Hitler war empfindlich, wenn man Einwände gegen sein Deutsch vorbrachte. Er war stolz auf sein Deutsch. Das machte ihm so leicht keiner nach."[75]

> „'Gestelzt nennt er meine Sprache', entrüstete er sich, 'geschwollen. Schiefe Bilder wirft er mir vor, sich überschneidende Vergleiche. Er weiß nicht, dieser artfremde Ignorant, daß erst das Sichkreuzen der Bilder der Sprache des Redners den windgeschwellten Schwung gibt, der sie richtig dahinsegeln läßt auf der stürmischen Flut der Gedanken und sie wegträgt über eine allenfalsige, manchmal notwendig vorhandene Leere des Zusammenhangs. Ja, ich liebe eine prunkvolle, bilderreiche Sprache. Das Vertrautsein mit der Palette des Malers hat meine Sätze mit Farbigkeit gesättigt.',"[76]

Die Lächerlichkeit der Ausbrüche des dilettierenden Hitler täuscht nicht über die Konsequenz dieses Augenblickes für das Schicksal Paul Cramers hinweg.

> „Der Untergang dieses Mannes ist ein voll und ganz hirnverbrannter, würde Hitler sagen.

> Paul, wie er an das Deutsch des Führers denkt, lächelt. Ja, in seinen argen Schmerzen, mit seinem zerrissenen, blutverkrusteten Mund lächelt er. Nach dem, was der Belaubte angedeutet hat, scheint es jener Aufsatz über Hitlers Stil zu sein, der ihn hierher gebracht hat. Und wenn ihn Hitler dafür umbringt, er muß doch lachen, wenn er an sein Deutsch denkt.

> Dabei ist wahrscheinlich er selber der Lächerliche."[77]

Die Macht kann zwar der Tat den Nutzen nehmen, den letztendlichen Sinn, der über die Behauptung der eigenen Persönlichkeit hinausweist, kann sie ihr nicht streitig machen.

Die bislang erörterte Ebene Feuchtwangerscher Stilkritik wird in den 'Brüdern Lautensack' von parodistischen Zitaten überlagert. Auf sehr ober-

---

[75] Feuchtwanger: Die Brüder Lautensack (1944) S. 272
[76] a.a.O., S. 273
[77] a.a.O., S. 280

flächliche Weise wird Hitler der Lächerlichkeit preisgegeben, seine Sprachschnitzer sind so schauerlich, dass feinere Ironie in der Darstellung nicht zum Tragen kommt. Hitlers Vorstellung von gelehrtem Deutsch führt zu einer unerträglichen Aneinanderreihung von Partizipialkonstruktionen und Nominalisierungen, sowie pseudopoetischen Verrenkungen der natürlichen Satzbauplänen. Gelegentliche Rückfälle in dialektale Redenwendungen komplettieren das Bild.

> „'Ja', sagte Hitler, sichtlich belebt, 'letzten Endes ist auch meine Zuversicht eine große und begründete. Da fehlt sich nichts.'„[78]

Kritisch muss man zu dieser Darstellung Hitlers anmerken, dass sie keinen relevanten Beitrag zu einem antifaschistischen Kampf leisten kann, da es völlig unerheblich ist, ob Taten von einem Mann begangen werden, der gutes oder schlechtes Deutsch spricht oder schreibt. Die Wiederspiegelungsfunktion, die Feuchtwanger dem Stil zuweist, dürfte nur von wenigen in dieser Tragweite nachempfunden werden. Was an der Darstellung übrigbleibt, ist eine überzeichnete Karikatur eines armseligen Clowns an der Macht.

4.5 Hitler, der 'Führer' und Politiker

Angesichts der Erfolge der NSDAP in den letzten Jahren der Weimarer Republik und der Stabilisierung der Macht nach 1933 und im Hinblick auf die enorme Popularität Hitlers, die weit über das Ansehen der Partei hinausgeht, muss sich Feuchtwanger auch mit dem Politiker Hitler, der Tragweite seiner Ideen und den politischen Fähigkeiten des Parteiführers und mächtigsten Mannes im Staate, auseinandersetzen. Dabei geht es ihm auch auf diesem Gebiet darum, Hitler jede Größe abzusprechen und seine Persönlichkeit von der äußeren Machtposition abzukoppeln, um so dem Mythos des weitsichtigen, willensstarken Volksführers und Staatsmannes zu zerstören.

Feuchtwangers Kritik gilt zunächst dem 'Sendungsbewußtsein' Hitlers, das bar jeder Vernunft davon ausgeht, er sei der von Gott oder dem Schicksal ausgewählte Führer des Reiches. Feuchtwanger wendet sich sowohl gegen die Irrationalität dieser Idee als auch gegen die Unwürdigkeit der Person, die sich auserwählt wähnt.

---

[78] Feuchtwanger: Die Brüder Lautensack (1944) S. 100
vgl. auch a.a.O., S. 53, 101, 147, 170 u. 308 f.

In 'Erfolg' wird die 'Sendung' Kutzners zuerst von seinem geistig beschränkten Bruder Alois erkannt.

> „Er wollte Erleuchtung, ein Leben im Geiste. Sein Bruder Rupert Kutzner, der Führer,
> der hat es gut. Der hat die Erleuchtung gehabt, hat seine Bestimmung gefunden, hat sei-
> nen deutschen Gott in sich."[79]

Ähnlich ergeht es Terenz im 'Falschen Nero', der „unter der Obhut eines
sehr jungen, halbidiotischen zu sonst nichts brauchbaren Leibeigenen"[80]
Varros ein Lager mit Nerostatuen besucht. Er wird von diesem als Kaiser
erkannt.

> „Schon erkannten sogar die Unmündigen, die geistig Gehemmten, wer er war und wozu
> ihn der Himmel berufen. Ein ungeheures Entzücken preßte ihm den Atem, würgte ihn
> fast."[81]

Auf diese Weiser diskreditiert Feuchtwanger die 'Sendung' des Führers als
Humbug für Halbidioten, mit dem sich ein vernünftig denkender Mensch
nicht abgibt.

Ähnlich gestaltet er das Bewusstsein der Protagonisten selbst, nicht die
Überzeugung von der Wichtig- oder Richtigkeit einer Idee, sondern ein dif-
fuses Schicksal begründet den Machtanspruch. 'Sendung' ist nicht politisches Kalkül, sondern psychischer Defekt.

In der Verteidigungsrede Rupert Kutzners beim Prozess um den gescheiterten Putschversuch tritt das 'Sendungsbewußtsein' noch an die Überzeugung von den eigenen Fähigkeiten gekoppelt auf, dominiert die rationalen
Elemente aber bereits.

> „Nichts anderes gesagt und getan hatte der Regierungschef, als das, wofür jetzt er,
> Kutzner, auf der Anklagebank saß. Nur deshalb hatte er nicht auf Flaucher gewartet,
> weil eben er, Kutzner, der geborene gottgewollte Führer war. Staatskunst kann man
> nicht lernen. Wenn ein Mann weiß, daß er eine Sache kann, dann darf er nicht auf einen
> anderen warten, bloß weil der im Amt ist, dann darf er nicht bescheiden sein. Er hat sei-
> nem Vaterland einen Dienst tun, hat seine geschichtliche Mission erfüllen wollen."[82]

Der Ausgang des Putsches und noch mehr der Dilettantismus, mit dem er
durchgeführt wurde, sprechen das Urteil über Kutzners Fähigkeiten. Zurück bleibt die hohle Phrase, das durch nichts begründbare Bewusstsein der
eigenen Größe.

Von vornherein jeder rationalen Begründung entzogen präsentiert sich der
Terenz'sche Machtanspruch im 'Falschen Nero'.

---

[79] Feuchtwanger: Erfolg (1930) S. 372
[80] ders.: Der falsche Nero (1936) S. 61
[81] a.a.O., S. 62 f.
[82] Feuchtwanger: Erfolg (1930) S. 725

> Er dachte häufig an einen Traum, den seine Mutter geträumt hatte, als sie ihn in ihrem Schoß trug. In diesem Traum hatte sie einen hohen Berg zu ersteigen. Es war ein harter Weg, sie spürte die Wehen kommen und wollte sich hinlegen. Aber eine Stimme befahl: 'Steig höher!' Sie gehorchte, doch dann erlahmte sie abermals und wollte sich ausruhen, aber da war wieder die Stimme und erst unmittelbar unter dem Gipfel durfte sie ihn gebären. Der Wahrsager aber deutete den Traum, das Kind, das sie trage, werde sehr hoch hinaufgelangen. Deshalb auch hatte man ihm den prätentiösen Namen Maximus gegeben."[83]

In logischer Fortsetzung dieses Traumes beanspruchte Terenz für sich den 'Fran', das von den Göttern verliehene Zeichen königlicher Würde. Im Besitz dieses 'Frans' zieht er sich aus den Alltagsgeschäften der Politik heraus.

> „Ihm haben die Götter bestimmt, zu glänzen, Reden zu halten, 'Fran' auszustrahlen. Brot, Wein, Geld unter das Volk zu verteilen, das war nicht seine, das war Sache seiner Räte."[84]

Der 'gottgewollte' Führer, der nicht mehr führen will. Völlige Verkennung dessen, was Politik ausmacht, kennzeichnet den Träger des 'Sendungsbewußtseins'. Die realen Gegebenheiten des politischen Geschäfts, zeigen sich aber unbeeindruckt vom 'Fran' des politisch Verantwortlichen, seine Herrschaft bricht zusammen. Die Unverantwortlichkeit des Nero-Terenz führt bis zum offensichtlichen Wahnsinn, für ihn nimmt der 'Fran' Gestalt an, er meint, im Labyrinth tatsächlich zu leuchten.[85] So wie Terenz das Wesen der Politik verkannt hat, so missversteht er die Bedeutung des 'Fran', er nimmt das Symbol der Macht für sich selber. Der Partherkönig Artaban, originärer Träger des 'Fran', besitzt zu diesem ein gänzlich anderes Verhältnis. Da er Politik als Auseinandersetzung mit einer Abfolge kausal verknüpfter Prozesse versteht, ist das 'göttliche Feuer', das den politischen Führer auszeichnet, für ihn nichts anderes als die menschliche ratio, die bei Terenz wohl häufiger ausgesetzt habe.[86]

Auch in den 'Brüdern Lautensack' wird Hitlers Machtanspruch weitgehend irrational motiviert. Die Kompensation des Minderwertigkeitskomplexes, als die Feuchtwanger Hitlers Machtstreben interpretiert, wird von Hitler als Auftrag des Schicksals an ihm empfunden, Deutschland zu führen. Oskar Lautensack, seelisch verwandt mit Hitler, bezeichnet dieses Gefühl als „wilde, heilige Gier, an die Macht zu kommen und Deutschland zu retten"[87]. Im Bewusstsein der Schicksalhaftigkeit seines Handelns geht Hitler

---

[83] ders.: Der falsche Nero (1936) S. 25
[84] Feuchtwanger: Der falsche Nero (1936) S. 324
[85] vgl. a.a.O., S. 230 u. 257
[86] vgl. a.a.O., S. 344 f.
[87] ders.: Die Brüder Lautensack (1944) S. 54

unbeirrt seinen Weg zur Macht, ohne sich bewusst zu werden, dass dieses Schicksal nichts anderes ist, als die jeweilige Haltung der Geldgeber der NSDAP zur Partei.

> „Die Pechsträhne der Partei hielt an. Doch der Führer ließ sich nicht anfechten. Sein Weg lag klar vorgezeichnet vor ihm, teils links, teils rechts. Vor seinen Vertrauten schloß er die Schublade seines Schreibtisches auf. Darin lag einsam ein Revolver. 'Die eiserne Entschlossenheit zu Sieg oder Tod läßt den Glauben an die deutsche Zukunft auch im abschüssigsten Moment nicht wanken', erklärte er."[88]

Der Irrationalität des Machtanspruches entspricht ein mystizistisches Element der Machtausübung. Immer wenn ein offensichtliches Defizit an politischen Inhalten oder Plausibilität des Handelns auftritt, zieht sich Hitler-Terenz auf das Terrain einer Schicksalsfügung oder unüberprüfbaren Weisung seines 'daimonions' zurück, wie er seine innere Stimme nennt.

> „'Sie haben das alles sicherlich sehr fein ausgeklügelt. Aber glauben Sie mir, mein Varro, in der Stunde der Entscheidung nützen nur Entschlüsse und Taten, die vom Träger des 'Fran' kommen. Mögen auch vielleicht', schloß er dunkel und sententiös, 'die Sachverständigen entsetzt sein über die Unerbitterlichkeit und Geradlinigkeit solcher Taten und Entschlüsse, zuletzt leuchtet ihre Größe allem Volke ein, die Menschen nehmen sie hin als Schicksal der Götter, und das sind sie auch.'"[89]

Der offensichtliche Wahnsinn Hitler'schen Handelns wird durch mystische Mächte legitimiert. So wie Hitler seine Machtausübung durch den Verweis auf die Notwendigkeiten eines Schicksals jeder Kritik entzieht, verhindert Feuchtwangers psychopathologische Interpretation dieses Verhaltens eine politische Reflexion über die Funktion dieser Mystifizierungen. Deutlich wird dieses Defizit im weiteren Verlauf der psychischen Entwicklung von Nero-Terenz.

Während der ersten Beratungen über eine neue Terrorwelle, die die Macht des falschen Nero stabilisieren soll, lässt Feuchtwanger in Terenz ein Bild entstehen, das sich in identischem Wortlaut bei fünf weiteren Gelegenheiten wiederholt:

> „Totklatschen, alle wie Fliegen totklatschen."[90]

Unterstützt wird der Eindruck des Wahnsinns Neros noch durch die Wahl der Opfer seiner Verbrechen. Seine Frau Caja wird ermordet[91] und der eng-

---

[88] Feuchtwanger: Die Brüder Lautensack (1944) S. 181

[89] ders.: Der falsche Nero (1936) S. 285

[90] Feuchtwanger: Der falsche Nero (1936) S. 281
  vgl. auch a.a.O., S. 284, 286, 290, 291 u. 322

[91] vgl. a.a.O., S. 295 f.

ste Vertraute Knops entgeht dem gleichen Schicksal nur durch größte Anstrengungen.[92]

Die Überspitzungen der mystizistischen Neigungen Hitlers zum Wahnsinn wird in den 'Brüdern Lautensack' wieder zurückgenommen, doch bleibt das Bild des nicht in politischen Dimensionen denkenden Führers erhalten. Die Auseinandersetzung zwischen Proell und Hitler um die Ermordung Oskar Lautensacks belegt das. Die von Proell aus rationalen Erwägungen geforderte Beseitigung Lautensacks wird von Hitler mit seiner 'inneren Stimme' in Einklang gebracht, erst ihr Urteil entscheidet über Leben und Tod Oskar Lautensacks.

> „Mit tragischer Ironie hat der Seher sein eigenes Schicksal vorausverkündet und das Opfer, welches das Schicksal ihm, dem Führer, nun auferlegt."[93]

Feuchtwanger lässt es in der Schwebe, ob Hitler den Rückzug auf 'Schicksal' und ‚innere Stimme' bewusst antritt, sich in einem Prozess des Selbstbetruges die Absolution erteilt. Proell zumindest scheint dieser Ansicht zu sein:

> „Offenbar spielte er sich jetzt große Oper vor. Da tat man am besten, ihn gewähren lassen."[94]

Ob Hitler wahnsinnig ist, tatsächlich schicksalsgläubig, oder nur fähig, sich in einen Rausch zu versetzen, der ihn von dem Auftrag seiner 'inneren Stimme' überzeugt, immer bleibt ein auffälliges Defizit an Politizität seines Handelns. Es widerspricht Feuchtwangers Auffassung der Person Hitlers, ihn als Politiker darzustellen, der nach Erwägungen der Zweckmäßigkeit handelt. Damit gerät die Darstellung der faschistischen Diktatur in die Gefahr, als Bild einer planlosen Herrschaft psychisch Gestörter missverstanden zu werden. Feuchtwanger begegnet dieser Tendenz mit der Konstruktion einer Reihe von Figuren, die die eigentlichen Strategen der Macht darstellen und die Politik Hitlers lenken, sei es im Auftrag der alten Machtelite, die Hitler finanziert, oder in Wahrnehmung eigener Machtinteressen. Dieser Konstruktion kommt Feuchtwangers Bild von Hitler zudem insofern entgegen, als sie ihm die Möglichkeit bietet, Führungsschwächen des 'Führers' in der Auseinandersetzung mit seinen Ratgebern zu gestalten und Hitler wiederum als Versager zu charakterisieren.

---

[92] vgl. a.a.O., S. 292 ff.
   Versteht man 'Der falsche Nero' in erster Linie als Schlüsselroman und sieht in dem Mord an Caja eine Paralelle zum Tod Angela Raubals (vgl. Heiden 1936 S. 368 ff.) und in der Verurteilung Knops' eine Anspielung auf Röhm, relativiert sich der Eindruck der Überspitzung.
[93] Feuchtwanger: Die Brüder Lautensack (1944) S. 310
[94] a.a.O., S. 311

Die Konzeption, Hitler als Galionsfigur darzustellen, während die politische Arbeit von seinen Ratgebern verrichtet wird, behält Feuchtwanger von 'Erfolg' bis zu den 'Brüdern Lautensack' nahezu unverändert bei.

Nach seinem Ausscheiden aus der Regierung übernimmt der ehemalige Ministerpräsident Klenk die Organisation der Partei und pflegt die Kontakte zu den Geldgebern. Als Klenk im Frühjahr 1923 zum Putsch drängt, kommt es zu Auseinandersetzung zwischen ihm und Kutzner.

> „Aber als Klenk drängte, zeigte er (Kutzner) sich merkwürdig flau, geradezu schlapp."[95]

Der Grund für diese plötzlich auftretende Führungsschwäche ist eine abergläubische Furcht vor der Prophezeiung seiner Mutter, dass das ganze Unternehmen schlecht ausgehen werde. Schicksalsgläubigkeit und Führungsschwäche verbinden sich zu einem Gefühl der Lähmung, das Kutzner einer Entscheidung ausweichen lässt. Dennoch gelingt es ihm in dieser Position der Schwäche gegenüber Klenk sein Gesicht zu wahren und diesen zu beeindrucken. Die Theatralik der Geste, mit der Kutzner auf die angeblichen detaillierten Putschpläne in der Schublade verweist, verfehlt ihre Wirkung auf Klenk nicht.

> „Klenk war ungläubig; aber die Geste des Mannes war so groß, daß er seinem Unglauben nicht Wort zu geben wagte."[96]

In dieser Szene zeigt sich deutlich der Charakter der Beziehungen zwischen den 'Strategen der Macht' und ihrem Führer. Trotz der offensichtlichen intellektuellen Überlegenheit der größeren politischen Begabung oder Erfahrung und der oftmals zur Schau gestellten Souveränität unterwerfen sie sich auch bei Fehlentscheidungen Hitlers seinem Willen, ohne dieses Verhalten rational vor sich begründen zu können. Dieses irrationale Moment im Verhalten der Anhänger des 'Führers' ist die Basis seiner Herrschaft. Figuren, deren Persönlichkeiten der des großen, bürgerlichen Politikers weit näher kommen als Hitler, nämlich Klenk, Varro oder Proell ordnen sich unverständlicherweise einem Dilettanten unter.

Wie sehr Feuchtwanger davon überzeugt ist, dass Hitler ein politischer Versager ist, zeigt sich in einer Fülle von Szenen, in denen sich der 'Führer' seinem Gegenüber oder der Situation nicht gewachsen zeigt.

Kutzner versteht es nicht, sich gegenüber den 'drittklassigen' Provinzpolitiker Flaucher durchzusetzen, fällt vor diesem auf die Knie und versagt ebenso in entscheidenden Augenblick des Putsches.

---

[95] Feuchtwanger: Erfolg (1930) S. 640
[96] Feuchtwanger: Erfolg (1930) S. 642

> „Andere Meldungen kamen, die Reichswehr stehe hinter Flaucher, auswärtige Polizei, auswärtiges Militär sei im Anmarsch. Kutzner wollte die Gerüchte nicht wahrhaben, erklärte hochfahrend, er sei bereit zu kämpfen und zu sterben. Allein das war eine Geste. Seine innere Freude entwich wie Luft aus einem angestochenen Reifen. Die alte Lähmung war wieder da, die peinliche Erinnerung an das Abendessen in der Rumfordstraße, an das Geflenn und Geschrei seiner Mutter."[97]

Weitaus dramatischer stellt sich das Versagen des 'Führers' bei der Figur des Nero-Terenz dar. Zu Beginn seiner politischen Laufbahn steht die Flucht vor der römischen Exekutive in den Schutz des Tempels der Tarate, wo er eine angsterfüllte Nacht zubringt. Diese Angst drückt sich in dem unbändigen Verlagen aus, Wasser zu lassen.

> „Doch das Bedürfnis quälte ihn immer mehr. Schließlich drückte er sich hinter den Altar und verrichtete seine Notdurft, befreit und gleichzeitig voll ungeheurer Angst."[98]

Zur Angst vor den Römern und dem Schrecken vor den Bildern der Tarate gesellt sich nun noch die Furcht vor der Entdeckung des Sakrilegs, ein wenig souveräner Einstand des mächtigen Kaisers. Doch die Kette seiner Niederlagen setzt sich fort, er versagt in der Hochzeitsnacht ebenso wie bei dem Versuch, das Labyrinth mit seinem 'Fran' zu erleuchten, seine Schauspielkunst verfängt weder bei dem Unternehmen, die 'Oktavia' ironisierend zu rezitieren, noch bei der Vorstellung vor dem Offizierskorps, als er die Ermordung des Leutnants Lucius verteidigen muss. Es gelingt ihm nicht, seine erste Frau Caja von seiner Identität als Nero zu überzeugen und als er beim Zusammenbruch seiner Macht auf der Flucht in das Haus des Joannes gerät, macht er sich vor Angst buchstäblich in die Hose. Am Ende dieser Reihe aber steht das endgültige Versagen seiner Stimme vor dem Thron des Partherkönigs Artaban, das die letzte illusionäre Hoffnung auf die Restituierung seiner Herrschaft schwinden lässt.[99]

Dennoch gelingt es diesem ständigen Versager, seine Ratgeber zu beeindrucken. Von den Mitgliedern des Kronrates interessieren in diesem Zusammenhang vor allem der ehemalige Leibeigene Knops und der Senator Varro. Diese beiden decken das Spektrum der Figuren Klenk und Proell in 'Erfolg' und den 'Brüdern Lautensack' ab, wobei Knops zugleich ähnliche Funktionen erfüllt wie Erich Bornhaak, Hannsjörg Lautensack oder Ulrich Zinsdorff und Varro auch die Rollen von Reindl oder Kadereit mit übernimmt. Entsprechend gestaltet sich das Verhältnis der beiden zu Terenz unterschiedlich. Knops, als ehemaliger Leibeigener des Terenz und einzi-

---

[97] a.a.O., S. 703
[98] Feuchtwanger: Der falsche Nero (1936) S. 84
[99] vgl. a.a.O. folgende Seiten: zur Impotenz S. 140 f. u. S. 277, zum Versagen vor Claudia Acte S. 257, zur 'Octavia' S. 231 f., zur Selbstverteidigungsrede S. 315, zu Caja S. 324, zur Flucht S. 332 und zur Szene am Partherhof S. 373

ges Mitglied des Kronrates ohne Hausmacht, wenn man von Terenz selbst absieht, kann sich nie aus der Position der Inferiorität lösen. Trotz seiner propagandistischen Begabung, die ihn zur Stütze der Terenz'schen Macht werden lässt, muss er sich immer von neuem der Sympathie Neros versichern und schließlich sogar um sein Leben fürchten.[100] Erklärt sich dieses Ergebenheitsverhältnis aus den Machtstrukturen, die zu Beginn des Experiments vorliegen, so gibt es für das Ausharren an der Seite des gescheiterten Terenz keine rationale Erklärung. Knops, der ziemlich früh den Zusammenbruch der Regierung Neros kommen sieht, benutzt die Vorsorge für seinen erhofften Sohn als Vorwand, das gefährliche Spiel nicht verlassen zu müssen.[101]

Komplizierter sind die Beziehungen zwischen Varro und Terenz angelegt. Auch hier liegt zu Beginn des Unternehmens ein Abhängigkeitsverhältnis vor. Terenz ist ein Schutzbefohlener Varros, aber formal kehrt sich dieses Verhältnis nach der Krönung Neros um, Varro wird ein Untertan Neros. Aus dieser Situation erklärt sich der Kampf der beiden um den wirklichen Besitz der Macht. Varro versteht Nero-Terenz über den gesamten Zeitraum der Herrschaft als sein 'Geschöpf'[102]. Am deutlichsten zeigt sich das Machtbewusstsein des Vertreters der Elite in der Auseinandersetzung um die geplante Ermordung Claudia Actes.

> „Er (Varro) trat ein wenig zurück, um, der Weitsichtige, den anderen besser sehen zu können, sein Mund verzog sich zu einem ungeheuer hochmütigen, wohlwollend verächtlichen Lächeln, und ohne Ton, doch der Wirkung und des Gehorsams sicher, warf er dem Geschöpf hin: 'Kusch, Terenz' und ging.
>
> Terenz schaute dem Manne nach, erstarrt in seinem Innersten, reglos, erbleicht, mit verzerrtem Antlitz. Dann nach kurzer Weile, entschlossen, wischte er dieses Unerhörte aus seinem Sinn."[103]

Terenz, im Bewusstsein seiner Ohnmacht gegenüber Varro, beschließt, diese Demütigung vor seinem Selbstwertgefühl zu verleugnen. Doch liegen die Machtverhältnissee im Roman nicht immer so eindeutig offen, wie sie sich in dieser Szene darstellen. Varro muss des Öfteren, sei es aus Sachzwängen, etwa bei der Verheiratung seiner Tochter, sei es eben auf Grund der schwankenden Machtverhältnisse, dem Willen Neros nachgeben. Seine offensichtlichste Niederlage erlebt Varro bei der Ermordung Cajas.

---

[100] vgl. Feuchtwanger: Der falsche Nero (1936) S. 294
[101] vgl. a.a.O., S. 310
[102] vgl. a.a.O. die Kapitelüberschriften: 1. Buch, Kap. 20 'Varro prüft seine Puppe'; 2. Buch, Kap. 14 'Fabrikation eines Kaisers'; 3. Buch, Kap. 13 'Das Geschöpf erhebt sich gegen den Schöpfer' und 4. Buch, Kap. 7 'Das Geschöpf macht sich selbständig'.
[103] Feuchtwanger: Der falsche Nero (1936) S. 271

„Varro, als die 'Rächer Neros' kamen, um Caja abzutun, hatte vergebens versucht, ihnen entgegenzutreten. Er hatte die Leute angeherrscht, empört, autoritativ, ein Mann, gewöhnt zu befehlen. Ohne Erfolg. Aus dem Schlaf aufgestört, unordentlich angezogen, wie er war, zornig, machte er sich auf den Weg zu Terenz. Doch es gelang ihm nicht, zu ihm vorzudringen."[104]

Bezeichnenderweise kommt es in dieser Szene zu keiner direkten Auseinandersetzung der Protagonisten, vor der stärkeren Persönlichkeit Varros versteckt sich Terenz hinter der Anonymität des Exekutivapparates. Wenn es Terenz einmal gelingt, Varro zu beeindrucken, so liegt das in seinem schauspielerischen Vermögen, kurzfristig als Personifikation der Macht zu erscheinen. Eine längere Auseinandersetzung mit Varro würde zum Kampf der originären Persönlichkeiten werden, den Terenz verlöre.[105]

Doch neben dem schauspielerischen Talent besitzt Terenz einen sicheren Instinkt für die Rolle, die er in dem Machtkampf zwischen der traditionellen Elite, vertreten durch Varro und König Philipp, und den Emporkömmlingen Trebon und Knops zu spielen hat.

„Nero merkte, daß es jetzt an ihm war, einzugreifen. Die Sache selber interessierte ihn nicht, ihn interessierte nur die Repräsentation. Doch mit gutem Instinkt spürte er, was er zu tun hatte. Er mußte etwas Eindrucksvolles vorbringen, das aber weder der einen noch der anderen recht gab."[106]

Die angenommene Machtkonstellation lässt Feuchtwanger drei Möglichkeiten der Gestaltung Terenz'schen Handelns offen. Nero-Terenz könnte sich, Feuchtwangers Bild eines 'großen Politikers' entsprechend, unabhängig gemäß der eignen Überzeugung betätigen, das widerspräche Feuchtwangers Urteil über Hitler diametral, oder er könnte als geschickter Taktiker der Macht die Interessengruppen ständig gegeneinander ausspielen und sie bewusst an die eigene Person binden, doch auch dies ist für Feuchtwanger nicht vorstellbar. Stattdessen konstruiert er einen weitestgehend unpolitischen Führer, der der Politik und damit der Auseinandersetzung der Interessengruppen instinktiv ihren Lauf lässt und von der Partei nur, wenn es unbedingt nötig ist, in die Politik einbezogen wird. Varro betreibt seine Wirtschafts- und Außenpolitik genauso unbehelligt, wie Knops die Vorbereitungen zur Überschwemmung Apameas, von der Nero-Terenz nicht ins Bild gesetzt wird.[107]

Diese Konzeption wiederholt sich in den 'Brüdern Lautensack' leicht abgewandelt. Dem Versager Hitler, der fern der Realitätspolitik seiner 'inne-

---

[104] a.a.O., S. 296
[105] vgl. a.a.O., S. 40 u. S. 230
[106] Feuchtwanger: Der falsche Nero (1936) S. 178
[107] vgl. a.a.O., S. 185, 276 u. 367

ren Stimme' lauscht, steht Manfred als Vertreter der Machtelite zur Seite. Dabei ist Proell anders als Varro selbst nicht Bestandteil dieser Elite, aber bei entsprechender Beteiligung an der Macht willens, als Transmissionsriemen der Kadereitschen Interessen zu fungieren und das unpersonifizierte dumpfe Machtstreben der 'Pöbelbasis' der NSDAP in Schach zu halten. Als unwägbare Komponente in dieser Machtkonstellation muss dabei der Hitler'sche Minderwertigkeitskomplex angesehen werden. Denn Hitler hält zwar nicht planmäßig 'Pöbel' und Elite in einer Machtbalance, sein Charakter ist aber so angelegt, dass das Streben nach Anerkennung und damit ein Anbiederungsverhalten mit dem Neid und Hass auf die 'Großkopfigen' in stetigem Widerstreit stehen. Das 'alter ego' Hitlers, das sich nicht positiv als Verbundenheit mit der Basis definieren lässt, auch wenn dies Hitler für sich tut, steht als Bedrohung der Machtposition der Geldgeber um Fritz Kadereit im Raum. Feuchtwanger baut hier ein Spannungsfeld politischer Interessen auf, das bei erheblichen Modifizierungen doch der historischen Situation im Groben gerecht wird.[108] Zwischen den unterschiedlichen Partialinteressen von Reichswehr, Großagrariern und den Flügeln des Großkapitals manövriert die NSDAP, hier geschickt von Proell gesteuert – der Rolle, die historisch Hitler zukommt – abwechselnd mit ihrer Massenbasis lockend und drohend. In diesem Spannungsfeld also lässt Feuchtwanger seine Hitlerfigur von einer Blamage zur nächsten und schließlich zum Erfolg stolpern. Zwar sind die Fahrigkeit und das ständige Ausweichen vor Entscheidungen, bis sie sich von selbst erübrigen[109], historisch belegt, doch steigert Feuchtwanger dieses Bild bis zur Infantilität im Verhalten des 'Führers'.

> „Immer will man ihm wegnehmen, woran er seine Freude hat. Nein, das macht er nicht mit. Er opfert nicht auch noch den Freund und Seher auf dem Molochaltar des Vaterlandes."[110]

Diesem 'bockigen Kind' ringt Proell die Entscheidung über die Ermordung Oskar Lautensacks ab.

> „'Adolf', redete ihm freundlich Proell zu, 'brich dir keine Verzierung ab. Sieh der Chose ins Auge. Du mußt von diesem Quatschkopf abrücken. Energisch. Ein für allemal.'"[111]

Unmotiviert erscheint angesichts dieses Verhältnisses die Furcht Proells, er selber könne zum Opfer Hitler werden, es sei denn, man definiert die faschistische Herrschaft in all ihren Elementen als bar jeder Rationalität und

---

[108] vgl. Feuchtwanger: Die Brüder Lautensack (1944) S. 182 u. S. 302 ff.
[109] vgl. a.a.O., S. 99, 169, 173, 183 f., 260 f., u. 308 f.
[110] a.a.O., S. 309
[111] Feuchtwanger: Die Brüder Lautensack (1944) S. 309

einmal konstituiert dem Wahnsinn einer 'Null' ausgeliefert. Ob dies aber der Person Hitler und den realen Machtstrukturen innerhalb des nationalsozialistischen Herrschaftssystems entspricht, muss doch mehr als angezweifelt werden.

4.6 Hitlers Verhältnis zur traditionellen Machtelite

Aus den bislang erörterten Teilaspekten Feuchtwanger'scher Hitlerbilder lässt sich die Position des 'Führers' der Nationalsozialisten im Kräftespiel der politischen Auseinandersetzung gegen Ende der Weimarer Republik, so wie sie Feuchtwanger versteht, unschwer erkennen. Ein Mann ohne eine Spur von Persönlichkeit, ein „trauriger Hanswurst"[112] oder „wildgewordene Null"[113], kann niemals ein eigenständiger Machtfaktor sein, er ist das Instrument in den Händen anderer. Doch im Umkehrschluss gilt genauso, dass die Überzeugung von der Marionettenrolle Hitlers Feuchtwangers Gestaltung der Persönlichkeit seiner Hitlerfiguren geprägt hat. Es liegt also eine Wechselwirkung zwischen Person und Funktion vor.

Im Folgenden soll untersucht werden, wie Feuchtwanger die Werkzeugfunktion Hitlers erkennbar macht, wie sich der Umgang zwischen den 'Drahtziehern' und der 'Marionette' gestaltet und was die Parteien voneinander halten. Weitestgehend unberücksichtig bleibt dabei zunächst die Frage, wie Feuchtwanger das Zusammengehen von Kapital und NSDAP historisch herleitet und begründet. Eine Analyse dieses Punktes soll aufbauend auf den Ausführungen zu Feuchtwangers Faschismusauffassung im jeweiligen Romantext versucht werden.

Rupert Kutzner muss sich zur Verwirklichung seiner ehrgeizigen Pläne mit zwei Autoritäten auseinander setzen, der Staatsmacht, repräsentiert abwechselnd durch Otto Klenk und Franz Flaucher, und vor allem mit dem Chef der Bayrischen Kraftfahrzeugwerke Andreas von Reindl, dem eigentlichen Regenten Bayerns, gegen dessen Willen die Landesregierung nichts unternimmt. Zeigt sich die Staatsmacht selber in der Abhängigkeit einer Hand voll Männer, so bleibt sie dennoch für Kutzner die Obrigkeit, die ihn je nach Anweisung unterstützt oder gegen ihn vorgeht. Die Abhängigkeit der 'Wahrhaft Deutschen' vom Wohlwollen der Staatsgewalt, die die Verbrechen der völkischen Schlägertrupps ungesühnt lässt, äußert sich zu-

---

[112] ders.: Erfolg (1930) S. 415
[113] ders.: Die Brüder Lautensack (1944) S. 172

nächst in Unterredungen zwischen dem Justizminister Klenk und dem Leiter der bewaffneten faschistischen Verbände Toni Riedler. Unverblümt droht Klenk ihm, er werde gegen ihn marschieren lassen, falls sich Kutzners Leute provokant aufführten.[114]

> „Der Minister Klenk benutzt die Bewegung, wo er sie brauchen konnte, fand aber, man müsse den Kutzner, werde er seiner Meinung gemäß zu frech, ab und zu aufs Maul hauen. ‘Ich fürchte’, schloß er, an seine Pfeife klopfend, ‘einmal müssen wir ihn auf seinen Geisteszustand untersuchen lassen, den Kutzner.’„[115]

Sieht Klenk in Kutzner immer nur ein Instrument, so stellt sich bei Flaucher diese Einschätzung erst ein, als er als Leiter der Regierung seine Position durch die ‘Wahrhaft Deutschen’ gefährdet sieht.

> „Mit der gleichen Deutlichkeit aber sah der Flaucher, wie der Kutzner anfing, seine Stellung zu verkennen, sich aufzumandeln, üppig zu werden. Den Flaucher schreckte das nicht.„[116]

Flaucher verbietet die öffentliche Fahnenweihe und verhängt sogar den Ausnahmezustand, als die ‘Wahrhaft Deutschen’ ankündigen, sie werden sich nicht an das Verbot halten. Kutzner reagiert sofort, autoritätsgläubig und „im Innersten erschüttert‘[117] tritt er den Rückzug an, bittet Flaucher auf Knien die Fahnenweihe zuzulassen, muss aber unverrichteter Dinge das Palais des Ministerpräsidenten verlassen. Der Kniefall Kutzners zeigt deutlich, dass Kutzner die Staatsgewalt als übergeordnete Autorität akzeptiert. Dabei ist er sich aber nicht bewusst, wer wiederum als Autorität hinter Flaucher steht. Gegenüber dem Baron Reindl meint er als gleichberechtigte Macht auftreten zu können.

„Rupert Kutzner, wenn sein Wagen den des Fünften Evangelisten kreuzte, ließ langsamer fahren, grüßte abgehackt, mit militärisch studentischem Zeremoniell, ein großer Mann einen anderen.„[118]

Es ist Kutzners Vorstellung von der Welt der ‘großen Männer’, dass man sich untereinander auf diese Art grüßt, was den weltgewandten Wirtschaftsführer zugleich befremden und amüsieren dürfte. Doch birgt der Gruß Kutzners noch einen anderen Zug unfreiwilliger Komik. Was ihm wie die Begrüßung zweier großer Männer erscheint, gerät unwillkürlich zum Gruß eines Untergebenen an seinen Vorgesetzten.

---

[114] vgl. Feuchtwanger: Erfolg (1930) S. 329 f. u. 382 f.
[115] a.a.O., S. 327
[116] Feuchtwanger: Erfolg (1930) S. 642
[117] a.a.O., S. 645
[118] a.a.O., S. 601 f.

Tatsächlich wahrt Reindl, der die 'Wahrhaft Deutschen' finanziert, stets eine herablassende Distanz zur Partei und ihrem Führer, sie ist etwas für Kleinbürger und Kutzner nichts anderes als „des Kleinbürgers Idol"[119], mit dem sich Reindl persönlich nicht abgibt. Auch wenn sich der heimliche Regent seines Werkzeuges entledigt, hält er es nicht für nötig, sich persönlich mit Kutzner auseinander zu setzen, er beauftragt die Staatsmacht.

> „'Ich höre', sagte er (Reindl) mit seiner hohen, fettigen Stimme leise, fast gelangweilt, 'ich höre, das Gesicht des Herrn Kutzner gefällt ihnen jetzt weniger, Herr Staatskommissar. Auch ich habe mich entschlossen, kein Geld mehr in den Herrn zu stecken.'"[120]

Leicht angeekelt nennt Reindl Kutzner einen 'Herrn', damit umso deutlicher seine Überzeugung vom Gegenteil herauskehrend. Dem lauten Getöse von der Macht, das Kutzner aufführt, stellt Reindl einen scheinbar beiläufig geäußerten Satz entgegen, der sofort den gesamten Staatsapparat gegen Kutzners Absichten in Bewegung setzt und den Putschversucht zum Scheitern verurteilt, bevor Kutzner ihn überhaupt unternommen hat.

Das Verhältnis Kutzners zur Macht präsentiert sich in 'Erfolg' unpersönlicher und distanzierter als in den späteren Romanen. Das Wohl und Weh der Partei wird in Abhängigkeit von ökonomischen Gesetzmäßigkeiten dargestellt, die das Kapital in seiner Einstellung zu Kutzner bestimmen. Der Vertreter des Kapitals Reindl macht aus seiner Verachtung für die Bewegung Kutzners kein Hehl und setzt zur Beeinflussung in seinem Sinne abwechselnd Geld und Staatsmacht ein. Kutzner selbst wird trotz des Putschversuches als von Autoritäten leicht beeindruckbar gezeichnet, ohne sich seiner Obrigkeitshörigkeit bewusst zu werden.

Die Übertragung der Kanzlerschaft auf Hitler 1933 bedeutet eine neue Qualität in den Beziehungen zwischen Machtelite und NSDAP. Hitler erhält die Verfügungsgewalt über den Staatsapparat, der beim Putschversuch 1923 noch gegen ihn eingesetzt wurde.

In den 'Geschwistern Oppermann' vollziehen sich die Ereignisse des 30. Januar völlig ohne die Beteiligung Hitlers. Über seinen Kopf hinweg wird dem Werkzeug eine neue Funktion zugewiesen.

> „Wie das ganze Reich, so hatte auch ihn (Gustav Oppermann) die plötzliche Ernennung des Führers zum Kanzler überrascht. Nicht so überrascht, wie den Führer selbst, aber verstanden hatte auch er die Ereignisse nicht."[121]

Darüber hinaus unterstellt Feuchtwanger auch, dass Hitler die Geschehnisse nicht zu interpretieren vermag.

---

[119] a.a.O., S. 421
[120] Feuchtwanger: Erfolg (1930) S. 690
[121] Feuchtwanger: Die Geschwister Oppermann (1933) S. 119

„Der Führer, urteilslos nachplappernd, was man ihm suggeriert, war fest in der Hand des Großkapitals."[122]

Diese Ansicht aus Wirtschaftskreisen wird nur scheinbar durch die folgende Schilderung der Hitler-Diktatur relativiert. Nach Feuchtwangers Überzeugung scheinen die „Schleusen der Barbarei"[123] durchaus wieder schließbar zu sein. Der Einschätzung eines „der Männer, die die Drähte hielten, an denen die Führer der Völkischen tanzten"[124], dass man mit Hilfe der Reichswehr dem Spuk jederzeit ein Ende bereiten könnte, sofern die geschäftlichen Interessen dies angeraten erscheinen ließen, wird nirgendwo widersprochen. Doch vorerst gilt der Satz:

„Man benützt sie und wäscht sich die Hände."[125]

Nur halbherzig bleibt die Kritik an den Drahtzieher im Hintergrund. Zuweilen scheint das Verbindende, der Ekel und Abscheu vor den nazistischen Barbaren, wichtiger, als der Umstand, dass sie es sind, die sich zur Durchsetzung ihrer Interessen eines schmutzigen Werkzeuges bedienen. Eine Kritik an den Interessen selbst sucht man völlig vergeblich, sie werden durch die Figur Jaques Levendels legitimiert.

Das Verhältnis zwischen dem 'falschen Nero' und der Machtelite wurde bereits an zwei Stellen dieser Arbeit thematisiert, auf die hochmütige Verachtung der Tochter des Senators Varro für „das Gewürm"[126], das „Stück Wegwurf"[127] braucht nicht weiter eingegangen zu werden, die zweite Ebene der Beziehung Varros zu Terenz soll aber noch eingehender untersucht werden.

Gegenüber der bisherigen Konstellation zwischen Hitlerfigur und Machtelite unterscheidet sich das Modell im 'Falschen Nero' in drei Punkten. Zunächst ist Terenz-Hitler nicht mehr nur Protegé sondern Geschöpf der Elite, zum zweiten sind sich die Drahtzieher von Anfang an der Gratwanderung bewusst, die sie mit dem Unternehmen 'Falscher Nero' beschreiten, und schließlich muss das Regime des Nero-Terenz gegen die Kolonialmacht Rom konstituiert werden, steht also von Anfang an unter außenpolitischem Druck.

In der Grundkonzeption geht Varro davon aus, dass er Terenz in der Rolle des Nero leitet.

---

[122] a.a.O., S. 130
[123] a.a.O., S. 128
[124] a.a.O., S. 279
[125] a.a.O., S. 128
[126] Feuchtwanger: Der falsche Nero (1936) S. 135
[127] a.a.O., S. 137

„Wenn jetzt, in dieser günstigen Situation, ein Mann sich zeigt, vom Fleisch des Nero, gelenkt von einem anderen, der den Geist des Nero so genau kennt wie er selber, wenn dieser Mann auf unabhängigem Boden erscheint, dem Zugriff Roms schwer faßbar, dann wird ein solcher Nero sich bestimmt lange halten können ..."[128]

Doch sowohl Varro als auch der Erzpriester Scharbil wissen, dass sie Terenz immer wieder spüren lassen müssen, dass er nur ein ausführendes Organ ist.

„Dem Senator nämlich schien es angebracht, den Terenz hinzuhalten. Nachdem der Mann einmal angebissen hatte, war es gut, ihn zappeln zu lassen, auf daß er nicht zu selbstbewußt werde."[129]

Terenz immer wieder über das weitere Schicksal im Dunkeln zu lassen, erscheint als das wirksamste Mittel, ihn auf seine Statistenrolle zu verweisen[130]. Höhe- und Endpunkt dieser Strategie ist die Hochzeit mit Varros Tochter Marcia, von der Terenz erst durch Knops erfährt.

„Dazu füllte ihn Empörung gegen den Varro, der ihn nicht einmal würdigte, ihm mitzuteilen, was er mit ihm vorhatte."[131]

Zunächst kann Terenz seiner Empörung keinen Ausdruck geben, da er völlig vom Wohlwollen Varros abhängig ist. Erst nachdem sich die Regierung des falschen Nero etabliert hat und im Kronrat neben den beiden Adeligen Varro und König Philipp auch Knops und Trebon Sitz und Stimme haben, gelingt es Terenz, sich aus der völligen Abhängigkeit zu befreien. Die Terrorakte nach der Überschwemmung Apameas müssen von Varro und Philipp akzeptiert werden.

„Varro und König Philipp schwiegen; es war keine Aussicht gegen das Pack durchzudringen. Wer den Pöbel zu Hilfe ruft, muß ihm Konzessionen machen."[132]

Diese erste Niederlage der Elite wird von ihr im Bewusstsein der eigenen Überlegenheit nicht als Kapitulation empfunden, sondern als Konzession gegenüber dem verachteten 'Pöbel'. Da sich jedoch das Abhängigkeitsverhältnis aus der Anfangsphase der Herrschaft Neros nicht wiederherstellen lässt, beginnen Mallukh und Philipp die Demontage der gesamten Unternehmung.

„Philipp und Mallukh empörten sich gegen Neros Größendünkel, gegen die Willkür und die Dreistigkeit seiner Vertrauten. Schließlich waren doch sie es, die den römischen Kaiser in seine Herrschaft eingesetzt hatten und ihn hielten. Ingrimmig erkannten sie,

---

[128] a.a.O., S. 46
[129] a.a.O., S. 52
[130] vgl. Feuchtwanger: Der falsche Nero (1936) S. 81 u. 107
[131] a.a.O., S. 131
[132] a.a.O., S. 196

daß die Schwindler, Narren und Räuber, die sie um ihre Souveränität und ihren alten Besitz zu wahren, hatten zu Hilfe rufen müssen, ihnen über den Kopf wuchsen."[133]

Der Pattsituation, in der sich die beiden Lager gegenüberstehen, ist sich auch das Dreigestirn Trebon, Knops und Terenz bewusst, trotz aller Feindschaft gegenüber den 'feinen Leuten' kann man sie nicht den 'Rächern Neros' überantworten.

> „..., und großartig wäre es, zuzuschauen, wie Varro verröchelte, der hochmütige, aristokratische, der so höflich war und einen so tief aus dem Innern her verachtete. Auch dem würdigen Mallukh auf den Kopf zu hauen, wäre genußreich und es wäre interessant, festzustellen, ob der feine, von uralten Königen abstammende Philipp seine guten Manieren beibehält, wenn er alle viere von sich streckt und den letzten Japser tut. Aber die Götter sind neidisch, das Beste gönnen sie einem nicht."[134]

Doch auch ohne die Ermordung Varros, Mallukhs und Philipps wird die zweite Terrorwelle zur Niederlage der Elite. Aus dem Hause Varros wird Caja verschleppt, seine Intervention schlägt fehl, Mallukh flüchtet sich resigniert in seinen Harem und König Philipp sucht erfolglos Zuflucht bei seinen Büchern. Einzig der Erzpriester Scharbil zieht Konsequenzen, indem er eine erneute Zusammenarbeit mit Rom in Erwägung zieht.[135] Tatsächlich ermöglichen in der Folge der Tod des Kaisers Titus, die Ablösung des Gouverneurs Cejon und die Einigung zwischen Rom und dem König der Parther Artaban eine Aufhebung der Pattsituation. Die Machthaber von Edessa können sich unter der Wahrung des 'status quo ante' aus der Mitwirkung an der Regierung des Terenz zurückziehen, und auch Philipp bliebt trotz einiger Konzessionen an Rom König von Commagene. Doch zeigt sich in dieser Lösungsmöglichkeit bei aller Analogie zur Herrschaft Hitlers ein wesentlicher Unterschied in der Ausgangskonstellation. Die Rolle, die im Roman Rom spielt, findet keine Entsprechung in der Realität des Dritten Reiches, das Arrangieren mit der übergeordneten Macht auf Kosten des zu selbstbewusst gewordenen 'Pöbels' bleibt nur im Roman möglich.

Der deutschen Machtelite geht es wie dem Senator Varro:

> „Aber es war eine Situation von grotesker Ironie; alles, was er besaß, war verknüpft mit dem Geschöpf, und er schlug nur sich selber kaputt, wenn er das Geschöpf kaputt schlug."[136]

So bleibt ihm, nachdem er kurze Zeit noch geglaubt hatte, die Herrschaft des falschen Nero ohne Knops und Trebon mit der Unterstützung Artabans

---

[133] a.a.O., S. 275
[134] Feuchtwanger: Der falsche Nero (1936) S. 282
[135] vgl. a.a.O., S. 296 ff.
[136] Feuchtwanger: Der falsche Nero (1936) S. 296

wieder aufbauen zu können, nur die Erkenntnis, dass er verspielt hat, weil ein Axiom in seiner Rechung von vornherein falsch war.

> „Über seinen kleinlichen, privaten Haß nämlich gegen Knops und Trebon hat er das Wichtigste aus den Augen verloren: Das Geschöpf, seine Wandlungen und Regungen. Hat in unbegreiflicher Verblendung übersehen, daß ein Mensch auch ohne selbständige Ideen und ohne Persönlichkeit in dem Augenblick Wesen und Inhalt annimmt, in dem man Macht auf ihn überträgt. Die Funktion der Machtausübung ändert das Wesen des Machtträgers. Macht, Kredit, Ruhm schaffen Persönlichkeit und Gesicht auch demjenigen, dem die Natur sie nicht mitgegeben hat. Das hätte er wissen müssen, das hätte er sich sagen müssen."[137]

Dieser Gedankengang Varros ist nach Feuchtwanger die Essenz des Romans. In einer Antwort auf die ausführliche Kritik Arnold Zweigs an den Roman[138] äußert sich Feuchtwanger über die Absichten, die er mit dem 'Falschen Nero' verfolgte.

> „Ich wollte in möglichst typischer Form die Entwicklung eines Menschen darstellen, der, ohne großes Format, dazu berufen wird, die Schicksale vieler Millionen Menschen zu lenken und zu bestimmen. Ob die politischen Hintergründe des 'Falschen Nero' denen des heutigen Deutschland ähnlich waren oder gänzlich konträr, hat mich wenig gekümmert und schiert mich heute nicht."[139]

Vieles spricht dafür, dass Feuchtwanger in diesem Brief seine Absichten nachträglich umgewichtet hat, um der scharfen Kritik Zweigs auszuweichen. Zweig zeigt sich denn auch in einem neuen Schreiben von der Antwort Feuchtwangers nicht zufrieden gestellt. Doch auch wenn man der Interpretationsvorgabe Feuchtwangers folgt, ergeben sich Widersprüche.

Terenz selbst bezieht keineswegs Persönlichkeit aus der Macht, die er besitzt, sondern aus einer bis zum Wahnsinn reichenden Identifikation seiner Rolle, er wird von seiner eigenen Theatralik korrumpiert, wobei unklar bleibt, ob man angesichts dieser schizophrenen Schübe überhaupt von Persönlichkeit sprechen kann.

Daher ist es auch nicht ein plötzlich erwachsender Charakter, der die Schwierigkeiten Varros hervorruft, sondern der von Feuchtwanger gestaltete Zivilisationsunterschied zwischen 'Pöbel' und Elite. Das was Feuchtwanger in den 'Geschwister Oppermann' „schauerlich vergröberte kleinbürgerliche Machiavellis"[140] nennt, passt als Bezeichnung Terenz, Knops und Trebon sowohl zu Anfang als auch am Ende der Herrschaft. Ihre Vorstellung von Macht kollidieren mit denen der Elite. Dabei sind es weniger

[137] a.a.O., S. 344
[138] vgl. hierzu Kap. 5.3 dieser Arbeit
[139] Lion Feuchtwanger an Arnold Zweig, Brief vom 24.2.1937. In: Feuchtwanger/Zweig: Briefwechsel 1933–1958, Bd. 1, S. 148 f.
[140] Feuchtwanger: Die Geschwister Oppermann (1933) S. 203

die Methoden der Herrschaftsausübung, die Anstoß erregen – Varro lehnt Mord als Mittel der Politik nicht prinzipiell ab –, sondern die kleinliche Verknüpfung von privater Rache und Politik.

Ähnlich wie im 'Falschen Nero' thematisiert Feuchtwanger in den 'Brüdern Lautensack' die Schwierigkeiten des Großkapitals, den Machtanspruch des 'Pöbels' zurückzuweisen. Die Überlegungen der Machtelite gehen dabei allerdings nicht davon aus, dass man auf Dauer den Kurs der Politik wird bestimmen können, sondern dass man gezwungen sein wird, sich der Nazis wieder zu entledigen. Diese Position vertritt zumindest Fritz Kadereit, ein Schwerindustrieller, der auf die Rüstungsaufträge einer nationalistisch eingestellten Regierung spekuliert.

> „Heut' abend wird er also die Herren der Partei bei sich sehen. Es sind keine 'Herren'. Es sind auch nicht eigentlich 'Proleten', wie Ilse sie manchmal zu nennen pflegt. Es ist einfach ein Haufen von Glücksrittern, Habenichtsen; Landsknechte, die er und andere Unternehmer sich mieten, um sie auszuspielen gegen die immer frecher werdenden Arbeiter und Bauern. Daß man sich diese Privatarmee hält, auch das ist ein Risiko; denn wie wird man, wenn man der Arbeiter Herr geworden ist, die Banditen wieder los? Aber man ist mit vielen Wassern gewaschen, man wird schon einen Dreh finden."[141]

Wiederum gestaltet Feuchtwanger den Hochmut der Elite gegenüber ihrem Werkzeug, unterscheidet aber an dieser Stelle das erste Mal explizit zwischen dem 'Pöbel' und den 'Proleten'. Der 'Pöbel', den man gegen die 'Proleten' einsetzt, wird von zwei Persönlichkeiten, Adolf Hitler und Manfred Proell geführt. Hitlers Minderwertigkeitskomplex, der sich in Anbiederungsverhalten und Autoritätsgläubigkeit einerseits und Machtwillen und Hass auf die 'Großkopfigen' andererseits äußert, bildet die irrationale Komponente dieses Machtfaktors, während Proell der Chef der SA und zugleich Ansprechpartner des Kapitals, den rationalen Teil verkörpert. Diese Aufteilung von Rationalität und Irrationalität konstituiert eine parteiinterne Werkzeugfunktion Hitlers, die Kadereit erkannt hat. Seine auf Oskar Lautensack bezogene Äußerung könnte auch auf Hitler treffen:

> „Die Nazis haben schon die rechte Witterung gehabt, wenn sie sich den Kerl sicherten; zweifellos läßt er sich nützlich verwenden."[142]

Entsprechend verläuft der Kontakt zwischen Kapital und Partei auf der Schiene Kadereit - Proell, und Hitler wird zum Statisten, dessen Bedeutung aber in dem bereits geschilderten Verhältnis zu Proell liegt. Die Unberechenbarkeit Hitlers, seine unangefochtene, wenn auch rational unmotivierbare Führerstelle in der Partei lassen ihn nicht nur für Proell zur Gefahr werden, auch die tratidionelle Machtelite muss ihn fürchten.

---

[141] Feuchtwanger: Die Brüder Lautensack (1944) S. 97
[142] a.a.O., S. 98

„Die Beziehungen der Schwerindustrie zur Partei nämlich waren nicht gerade einfach. Die Herren hatten sich die Banditen gemietet, damit die ihnen die Arbeiter und Bauern vom Leib hielten. Die Banditen hatten ihre Pflicht getan, sie waren abgelohnt, jetzt kam der Zeitpunkt, da sich zeigen mußte, ob sie sich wieder abschütteln lassen. Das unverschämte Manöver mit dem Reichstagsbrand war da kein gutes Zeichen."[143]

Diese allgemeine Analyse der Beziehungen zwischen Partei und Industrie, wie sie sich zu Beginn der Errichtung der NS-Diktatur präsentieren, wird von Feuchtwanger handlungsrelevant umgesetzt, indem er das Schicksal Oskar Lautensacks über Umwege mit den Drohungen des ehemaligen Reichskanzlers und Reichswehrchefs Schleicher verbindet.

Schleichers Ankündigung, er werde die „schmierige(n) Strichjungens"[144] abservieren, beschleunigt bei Hitler den fälligen Entscheidungsprozess über den weiteren Kurs der Politik dahingehend, dass er sich vor Oskar Lautensack über die Beseitigung der Elite äußert.[145] Scheint damit die Entscheidung gegen die Kreise um Kadereit oder Schleicher bei Hitler gefallen, so setzt Kadereit gleichzeitig Proell unter Druck, indem er Hindenburg als Drohmittel einsetzt.[146] Die realen Machtverhältnisse sprechen sich gegen Hitlers Wunsch aus. Zinsdorff weiß um die politische Lage und kann sie gegen Lautensack ausspielen.

„Es war noch ein langer Weg bis zu dem Endkampf zwischen der Aristokratie und dem Pöbel, und es stand noch keineswegs fest, auf welche Seite in diesem Endkampf der hysterische Clown Hitler fallen wird."[147]

Nach der Veröffentlichung der Äußerungen Hitlers verstärkt sich der Druck der traditionellen Elite auf die Partei. Proell zwingt Hitler, Lautensack preiszugeben und die Pläne einer Alleinherrschaft der NSDAP nach Ausschaltung der Machtelite zumindest zurückzustellen.

Obwohl Hitler in diesem Augenblick seine schwerste Niederlage einstecken muss, die über die Erniedrigungen durch Hindenburg noch hinausgeht, baut Feuchtwanger gerade an dieser Stelle die Zweideutigkeit der Beziehung zwischen Proell und Hitler auf, um damit die Position Hitlers wieder zu stärken.

Im Ganzen konstruiert Feuchtwanger ein Verhältnis zwischen Hitler und Elite, das den Führer der NSDAP nicht als rational agierenden Politiker darstellt. Sein Verhalten wird gesteuert von den widerstreitenden Strömungen seines Unterbewusstseins. Die hier angelegte Möglichkeit des Aufstan-

---

[143] Feuchtwanger: Die Brüder Lautensack (1944) S. 225 f.
[144] a.a.O,. S. 258
[145] vgl. a.a.O., S. 302 f.
[146] vgl. a.a.O., S. 268
[147] a.a.O., S. 305 f.

des erscheint in Verbindung mit der Macht des faschistischen Massenpotentials als latente Bedrohung der Position der Elite. Diese Bedrohung wird aber als Gefahr der Pöbelherrschaft an sich gedeutet und von der Position Hitlers abgekoppelt, sodass Feuchtwanger an dem Modell der Marionette ohne Persönlichkeit festhalten kann.

So lässt sich erklären, dass Feuchtwanger seine Überzeugung von Hitler als bloßem Werkzeug in den Romanen immer wieder formulieren kann, obwohl die Widersprüche, die sich aus den historischen Geschehnissen ergeben, auch Eingang in die Romane gefunden haben.

5. Die Einbettung der Hitlerfiguren in den Romankontext

Im letzten Kapitel wurde in Längsschnitten durch die Romane die Gestaltung verschiedener Aspekte der Hitlerfiguren Feuchtwangers verfolgt, um in diesem analytischen Vorgehen Entwicklungslinien der Auffassung einzelner Charakterbereiche zu betonen. In einem ersten Syntheseversuch soll nun aus den einzelnen Facetten der Persönlichkeit das Hitlerbild zusammengesetzt werden, wie es sich im Kontext der Romane präsentiert. Dabei wird es nötig sein, auf Darstellung und Auffassung von Faschismus und antifaschistischem Widerstand, auf das Umfeld und die Anhängerschaft Hitlers, die soziale Situation und ihre Einbindung, sowie die Reaktion 'Unbeteiligter' auf Hitler einzugehen, ohne jedoch den Versuch unternehmen zu wollen, eine Gesamtinterpretation der Romane zu leisten. Im Gegensatz zu Kapitel 4 wird im Folgenden auch auf die Diskussion innerhalb der Forschungsliteratur, die zu den einzelnen Romanen in sehr unterschiedlichem Umfang vorliegt, Bezug genommen, soweit sie den für diese Untersuchung relevanten Ausschnitt der Romane behandelt, um schließlich zu einem wertenden Urteil zu kommen. Dieses Urteil kann sich nur auf den zugrunde liegenden Interpretationsausschnitt beziehen, also die Darstellung Hitlers im weiteren Sinne, soll aber, obwohl dieses Vorgehen in der Literaturwissenschaft nicht unumstritten ist, eine deutlich subjektiv wertende Komponente enthalten.

5.1 Erfolg

Zwischen 1927 und 1930 schreibt Feuchtwanger an dem Roman 'Erfolg', den er später als ersten Teil seiner 'Wartesaal-Trilogie' bezeichnet. Entsprechend dem Untertitel 'Drei Jahre Geschichte einer Provinz' entwirft Feuchtwanger ein großangelegtes Bild der bayerischen Gesellschaft zu Beginn der Zwanzigerjahre.

Vor dem Hintergrund einer reaktionären, separatistischen bayerischen Landespolitik und ihrer Klassenjustiz schildert Feuchtwanger den Aufstieg der 'Wahrhaft Deutschen' von ihren Anfängen bis zur Verurteilung ihres Führers Kutzner nach einem missglückten Putschversuch im November 1923.

> „Die Darstellung des anwachsenden Nationalsozialismus, im Roman als die Wahrhaft Deutschen verschlüsselt, komponiert Feuchtwanger in Form eines Crescendos: Kutzner (= Hitler) wird im ersten Viertel des Romans nicht erwähnt, kontinuierlich nehmen die Passagen, die sich mit dem Rechtsradikalismus befassen, immer breiteren Raum ein, um

im letzten Buch mit dem Kutznerputsch und -prozeß zum eindrucksvollen Finale gebracht zu werden."[1]

Diese Beschreibung des Aufbaus der Kutznerhandlung deutet bereits an, dass die Geschichte um die 'Wahrhaft Deutschen' nur ein Handlungsstrang unter mehreren ist. Im Folgenden soll auf den Prozess Krüger, die Bemühungen Johanna Krains, die Künstlerdebatten Tüverlin-Pröckl und die Unzahl von ineinander verschränkten Nebenhandlungen nur insofern eingegangen werden, als es für die Untersuchung des genannten Zentralaspekts vonnöten erscheint. Damit entfällt auch die Diskussion eines Teils der Forschungsliteratur, die sich etwa mit der Künstlerproblematik auseinandersetzt, oder die Form der Darstellung in den Vordergrund ihrer Betrachtungen stellt.

Es ist bezeichnend für Feuchtwangers Faschismusbild, dass sich drei weitere Schwerpunkte in der Romanhandlung – die Schilderung der wirtschaftlichen Entwicklung, der Zusammenhang zwischen Politik und Justiz und die Betrachtungen über die bayerische Bevölkerung – nicht von der Kutznerhandlung trennen lassen.[2]

Feuchtwanger gestaltet den Aufstieg Kutzners vor dem Hintergrund zweier wirtschaftlicher Einflussfaktoren. Zunächst hängen Kutzner und die 'Wahrhaft Deutschen' vom Großindustriellen Reindl ab, der sie direkt, über seine Geldzuweisungen, oder indirekt, über seinen Einfluss auf die bayerische Landesregierung, kontrolliert, wobei er sein Verhalten gegenüber 'Führer' und Partei von der weltwirtschaftlichen Gesamtlage abhängig macht. Andererseits profitiert die rechtsradikale Bewegung auch von der desolaten ökonomischen Situation weiter Teile der Bevölkerung infolge der Inflation. Hieraus den Schluss zu ziehen, Feuchtwanger favorisiere einen ökonomischen, oder gar marxistischen Erklärungsansatz des Faschismus, wäre allerdings verfehlt.

Die zumeist an der Darstellung Kaspar Pöckls festgemachte Einstellung Feuchtwangers, wonach er „marxistisches Denken als einen angreifbaren Religionsersatz"[3] auffasse, lässt sich auch an Erzählkommentaren zu primär politischen Themenkreisen ausmachen.

> „Andere Kriegsgründe der Weißen waren soziologische. In diesem Kampf spielten die Begriffe Mehrwert, Ausbeutung, Klasse, Proletarier, Bourgeois eine Rolle. Auch hier war die Abgrenzung willkürlich, es war für die Führer der Partei nicht leicht, Eigen-

---

[1] Brückener/Modick (1978) S. 143 (Klammer ist Bestandteil des Zitats)
[2] vgl. Brückener/Modick (1978) S. 142 f.
[3] Jaretzky (1984) S. 64

schaften festzulegen, deren Besitz ihren Träger zum Angehörigen oder Gegner ihrer Gruppe machte."[4]

So scheint Feuchtwangers Vorstellung vom Wesen des kapitalistischen Systems auch der Reindls, der „ein großes, zappelndes Ding, einen lebendigen Berg"[5] vor sich sieht, ähnlicher zu sein, als der des amerikanischen Industriellen Potter, dessen Bild „eine Zeichnung aus einem geometrischen Lehrbuch"[6] entspricht.

Wenn dennoch vor allem in der Forschungsliteratur der DDR die antifaschistische Aussage des Romans zuweilen als „Ergebnis einer nüchternen Analyse der deutschen Verhältnisse der Wirtschaft des Landes"[7] verstanden wird, so liegt das auch an Feuchtwangers statistischen Einschüben, die den marxistischen Literaturwissenschaftler zu dieser Interpretation verleiten können.

Wie Feuchtwanger das Zusammengehen von Kapital und NSDAP am Beispiel der 'Wahrhaft Deutschen' begründet, bleibt noch darzustellen. Das Interesse des Industriellen Reindl an Kutzners Bewegung lässt sich in einem Satz zusammenfassen:

> „Damit den Sozialisten Leute weggenommen werden, darum unterstützen wir den Kutzner."[8]

Diese relativ dürftige Erklärung erhält ihr Gewicht erst im Romankontext. Aus der Darstellung der wirtschaftlichen Entwicklung zu Beginn der Zwanzigerjahre und ihrer Auswirkungen auf das kleinbürgerliche München als dem Zentrum der faschistischen Bewegung lässt sich der Hintergrund des obigen Gedankenganges Reindls erschließen. Demnach benutzt das Kapital die Ausstrahlungskraft faschistischer Ideologie, um zu verhindern, dass der Proletarisierungsprozess der kleinbürgerlichen Bevölkerung, der im Roman geschildert wird, ein revolutionäres Potential entwickelt. Doch wird diese Möglichkeit an keiner Stelle des Romans konkret gestaltet oder wenigstens explizit erwähnt. Die plausible Erklärung des Verhaltens der Großindustrie bliebt eine interpretative Leistung des Lesers und muss nicht zwingend in der oben erwähnten Richtung verlaufen. Dass aber die 'Wahrhaft Deutschen' nicht unbedingt dazu benutzt werden, in die traditionelle Anhängerschaft der linken Parteien auszustrahlen, lässt sich aus dem Verhalten der Geldgeber nach Überwindung der momentan verschärften Krisensituation schließen, die Unterstützung wird eingestellt. Allerdings tritt

---

[4] Feuchtwanger: Erfolg (1930) S. 206
[5] a.a.O., S. 601
[6] Feuchtwanger: Erfolg (1930) S. 601
[7] 'Lion Feuchtwanger' (1959) S. 25
[8] Feuchtwanger: Erfolg (1930) S. 535

dabei noch ein anderes Motiv hinzu. Hatte man Kutzners Leute als Druck-mittel der 'Ordnungszelle' Bayern gegen die Reichsregierung gesehen, so passte, nachdem man sich von Seiten der Industrie arrangiert hatte, der Marsch auf Berlin nicht mehr in das politische Konzept. Kutzners nationale Erhebung hatte sich überlebt.

Feuchtwangers Gestaltung der historischen Tatsachen lässt zwar eine Er-klärung der politischen Ereignisse nach ökonomischen Bedingungsfaktoren zu und legt dies auch nahe, relativiert diesen Ansatz aber durch ethnische und entwicklungstheoretische Betrachtungen.

So wird zu einer der wichtigsten Voraussetzungen für Kutzners Erfolge der beschränkte geistige Horizont der Bewohner der bayerischen Hochebene.

> „Es lasen die Berichte die Männer der Stadt München, breite Männer, rundköpfig, lang-sam von Gang, Gesten und Denken, sie schmunzelten, tranken überzeugt, tief und be-haglich aus grauen Tonkrügen schweres Bier, klopften die Kellnerinnen auf die Schen-kel."[9]

Feuchtwanger zeichnet ein Bild der Bayern, die in der Statistik der Roh-heitsverbrechen weit über dem Durchschnitt im Reich liegen und diesen Umstand ihrer Vitalität zuschreiben[10], die schon ihren Kindern Bier einflö-ßen[11] und die, über alle Unterschiede in der politischen Anschauung hin-weg, „breiig zäh in der gleichen bäurischen Ideologie befangen"[12] sind. Dieses Bayern mit ihrem Sinn für derbe Unterhaltung und „volkstümliche, karnevalistische Veranstaltungen mit trommelfellsprengendem Lärm"[13] sind das geborene Publikum für Kutzners plumpe, großartige Theatralik. Ihr natürlicher Mangel an Urteilskraft macht sie empfänglich für die Irra-tionalität des nationalsozialistischen Gedankenguts.

> „Dieses Volk *wünscht* doch seine schmutzige Unlogik, fühlt sich wohl in seiner qualli-gen Verworrenheit."[14]

Feuchtwangers Bild eines Menschenschlags, der in der Evolution hinter dem von ihm als Vorbild angesehenen 'Nomadentyp' zurückgeblieben ist, scheint allerdings wenig geeignet für eine rationale Erklärung des Faschis-mus-Phänomens. So trifft auch die antifaschistische Perspektive, die der Roman eröffnet, nämlich das Scheitern einer Bewegung wie der Kutzners bei Überschreiten der bayerischen Landesgrenze, historisch ins Leere. Die Hoffnung, die Feuchtwanger auf das aufgeklärte Berlin mit seiner geistig

---

[9] Feuchtwanger: Erfolg (1930) S. 80
[10] vgl. a.a.O., S. 74
[11] vgl. a.a.O., S. 26 f. u. 81
[12] a.a.O., S. 61
[13] Feuchtwanger: Erfolg (1930) S. 95
[14] a.a.O., S. 117

beweglichen Bevölkerung setzt, wird drei Jahre nach Erscheinen der Romane endgültig widerlegt. Feuchtwangers eigene Darstellung von Nazi-Anhängern in 'Erfolg' hätte ihm zeigen können, dass das Problem einer faschistischen Massenbasis kein spezifisch bayerisches ist.

> „Kleinbürger, durch die Inflation ratlos und hilflos geworden, leben im Rausch der Nazi Versprechen auf. Ihnen gefällt die theaterhafte, komödiantische 'Ästhetisierung' der Propaganda, simple Erklärungsmuster kommen ihrem Biertisch-Zorn entgegen."[15]

Die Hausfrau, die sich an der Wohnungstür einen Staubsauger aufschwatzen lässt, um kurz drauf einen zweiten, billigeren in der Annahme zu erstehen, dass der Vertreter der zweiten Firma den Kollegen von der ersten dazu überreden werde, den Kauf rückgängig zu machen, deren Prozess gegen beide Vertreter dann mit einem flauen Vergleich endet, worauf sie sich genau wie die Vertreter den 'Wahrhaft Deutschen' anschließt, mag man zunächst als satirisch überpointierte Figur ansehen.[16] Doch zeigt eine Episode wie diese, wie es der NSDAP gelang, die Entrüstung über persönliche Missgeschicke und subjektiv empfundenes Unrecht, die dem Bürger immer wieder aufstoßende Ungerechtigkeit der Welt[17], in ihrer Propaganda und Ideologie zu berücksichtigen. Gleichzeitig entlarvt Feuchtwangers Darstellung die Inhaltsleere und Biegsamkeit der nationalsozialistischen Ideologie, denn er lässt Vermieter, die sich von Kutzner erhoffen, wieder Herr im eigenen Haus zu werden, in einer Kutznerversammlung auf ihre verhassten Mieter treffen.[18]

Doch Feuchtwanger zeichnet nicht nur Kleinbürger, die ihr persönliches Geschick für den Nabel der Welt halten, er zeigt auch die von der Inflation Verunsicherten und die, die nicht wahrhaben wollen, dass die Opfer des letzten Krieges völlig sinnlos waren.[19] Wer diesen Leuten versprechen kann, dass man durch 'Brechung der jüdischen Zinsknechtschaft' die Inflation beseitigt und nach Abrechnung mit den 'Novemberverbrechern' es dem 'Erbfeind' heimzahlt, der darf auf ihre Unterstützung rechnen.

Feuchtwangers Bild ist in der Konsequenz also keineswegs verharmlosend und Kutzner tatsächlich ein angemessener Repräsentant seiner Anhängerschaft.

Der Chef der bayerischen Kraftfahrzeugwerke Reindl fasst die Motive der Anhänger Kutzners kurz zusammen:

---

[15] Jaretzky (1984) S. 61 f.
[16] vgl. Feuchtwanger: Erfolg (1930) S. 523
[17] vgl. das Erlebnis des Lehrers Feichtinger und seine Folgerung daraus: "unter dieser Regierung wurde man bestraft, weil man am Isartor zwei blaue Hefte kaufte." Feuchtwanger: Erfolg (1930) S. 524)
[18] vgl. a.a.O., S. 522 u. 524
[19] vgl. a.a.O., S. 523 f.

„Im Grunde habe sich der Kleinbürger immer nach einer Autorität gesehnt, nach jemandem, dem er andächtig gehorchen dürfe. Im Herzen sei er niemals Demokrat gewesen. Jetzt gehe mit dem Wert seines Geldes seine demokratische Tünche vollends dahin. In der steigenden Not repräsentiere der Kutzner den letzten Fels und Hort, des Kleinbürgers Idol: den Helden, den strahlenden Führer, dem man aufs großartige Wort wollüstig gehorcht."[20]

Feuchtwanger lässt in seiner Darstellung Kutzners keinen Zweifel, dass dieser kein großer Held ist, aber eine einleuchtende Bestätigung seines Heldentums benötigt Kutzner auch nicht. Reicht doch allein das Bedürfnis seiner Anhänger nach einer heldenhaften Autorität, das er nach seinem – freilich bescheidenen – Kräften bedient, um die Aura des 'strahlenden Führers', des 'Retters' entstehen zu lassen.

Die verharmlosende Wirkung, die 'Erfolg' trotzdem oft vorgehalten wird, resultiert nicht aus der Darstellung Kutzners. Wenn München als „das gegebene Zentrum einer kleinbürgerlichen Diktatur"[21] dargestellt wird, so übersieht Feuchtwanger, dass es nicht das Einzige sein muss, dass diese Kleinbürger im ganzen Reich zu finden sind.

Auch einen anderen interessanten Aspekt verfolgt Feuchtwanger nicht weiter, die Erkenntnis Klenks über das Weltbild einer Reihe von Industriellen, das sich von dem Reindls oder Kadereits in den 'Brüdern Lautensack' erheblich unterscheidet.

„Allein manchmal, wenn er sah, wie ihnen Vaterland und Profit zu einer unlöslichen moralischen Idee verfilzt waren, an die sie ehrlich glaubten, überkam ihn erschreckend ein ödes Gefühl des Alleinseins."[22]

Historisch erweist sich dieser Typ von Unternehmern, deren nationalistische Grundhaltung gegen die 'vaterlandslosen' Demokraten gerichtet ist, als für die Entwicklung der NSDAP wichtiger Faktor. Dieser Typ von Kapitalisten kann sich nicht wie ein weitsichtiger Zyniker vom Schlage Reindls mit der Republik oder gar den Gewerkschaften arrangieren. Wenn Feuchtwanger Kutzner in der Abhängigkeit des realistischen, rational handelnden Kapitalisten Reindl zeichnet, anstatt in Verbindung mit dem reaktionären Teil der Machtelite, so lässt sich daraus eine bedenkliche Konsequenz für die Zukunft der Nationalsozialisten ziehen: Mit der relativen Stabilisierung des kapitalistischen Systems nach der Weltwirtschaftskrise müsste der Faschismus zwangsläufig zusammenbrechen, da er seine Werkzeugfunktion verloren hätte, eine zwar logische, aber auf falschen Voraus-

---

[20] a.a.O., S. 420 f.
[21] Feuchtwanger: Erfolg (1930) S. 421
[22] a.a.O., S. 491

setzungen aufbauende Schlussfolgerung, die die konkrete Gefahr deutlich verkennt.

Ein weiteres verharmlosendes Element in Feuchtwangers Darstellung der Anfänge des Nationalsozialismus verbirgt sich hinter der vorgestellten antifaschistischen Perspektive. Zwar weisen Brückener und Modick zu Recht darauf hin, dass Kutzners letzter Auftritt im Roman ein grandioser Triumphzug ist, das Potential der 'Wahrhaft Deutschen' nach dem gescheiterten Putschversuch mitnichten zerstört ist [23], lassen aber unberücksichtigt, dass das letzte Wort über Kutzner von Johanna Krain und Jaques Tüverlin gesprochen wird, die mit ihren aufklärerischen Kunstwerken dem Nationalsozialismus den Boden entziehen werden.

> „So sind für die Deutung des Faschismus in 'Erfolg' letztlich nicht ökonomische Sachverhalte und soziale Gesetzmäßigkeiten entscheidend, sondern ein Ensemble kultureller Faktoren, die positiv wie negativ um die Werke aufgeklärter Humanität zentriert sind. Rupert Kutzner und sein Anhang sind Konfigurationen kleinbürgerlicher Verstocktheit und antimodernistischen Ressentiments, die faschistische Bewegung wird beschrieben als ein Element kultureller Ungleichzeitigkeit, das der Aufklärung zugeführt werden muß."[24]

Diese Aufklärung gelingt am Ende des Romans gleich zwei Künstlern in unterschiedlichen Medien, ein zu optimistischer Schluss.

Zum Abschluss soll noch auf die Problematik der Geschichtsauffassung Feuchtwangers eingegangen werden, wie sie sich in der Erzählperspektive des Romans und einem kommentierenden Sinnstiftungsprozess darstellt.

Feuchtwangers Behandlung der Ereignisse in der Provinz Bayern zwischen 1920 und 1924 aus der Sicht eines in einer fiktiven Zukunft angesiedelten Erzählers, der von einem fortgeschrittenen zivilisatorischen Status aus ironische Distanz bewahrt, erscheint nicht ganz unproblematisch. Sie führt zu dem Versuch, auch Kutzners Bewegung eine Funktion innerhalb einer stetig voranschreitenden Geschichte zuzuweisen.

> „Es schien historische Notwendigkeit, daß die Industrialisierung Mitteleuropas in nicht allzu schnellem Tempo vor sich gehe. In diesem Sinn war das Land Bayern ein guter Hemmschuh. In diesem Sinn hatte der historische Prozeß eine Gruppe der besonders Zurückgebliebenen hochgeschwemmt, den Kutzner und seine Leute. Als aber der Bremsklotz gar zu kräftig in Erscheinung trat, mußte er weggeräumt werden."[25]

Der von Feuchtwanger postulierte historische Fortschritt scheint nicht an menschliches Handeln gebunden. Ein 'historischer Prozess' verläuft nach

---

[23] vgl. Brückner / Modick (1978) S. 159
[24] Hans (1983) S. 33
[25] Feuchtwanger: Erfolg (1933) S. 714

den Gesetzen einer 'historischen Notwendigkeit', ein Bild, das fatalistische Züge trägt. Hans-Harald Müller sieht hier den Hauptkritikpunkt:

> „Den Ansatzpunkt für die Kritik an Feuchtwangers Roman 'Erfolg' sehe ich vielmehr in einer Geschichtsphilosophie, die alles praktische Handeln dem unkalkulierbaren 'Einzelwahn' überlässt, gleichwohl jedoch einen historischen Fortschritt postuliert. Eine solche Geschichtsphilosophie bleibt theoretisch folgenlos, weil sie universell anwendbar ist und jede historische Erfahrung sich ihr bruchlos subsummieren läßt - ..."[26]

Im Gegensatz zum späteren Roman 'Der falsche Nero' kommt Feuchtwangers Geschichtsphilosophie in 'Erfolg' weniger zum Tragen, die politische Aussage des Romans wird nicht im gleichen Maße relativiert, da Tüverlin als Vertreter der Theorie der 'historischen Notwendigkeit' selber aktiv wird und seine aufklärerische Arbeit aufnimmt.

5.2 Die Geschwister Oppermann

Noch im Jahre 1933 erscheint bei Querido in Amsterdam der zweite Teil der Wartesaal-Trilogie 'Die Geschwister Oppermann' – zunächst unter dem Titel 'Die Geschwister Oppenheim' – mit dem Feuchtwanger auf den Sieg der Diktatur in Deutschland reagiert. Vornehmlich zwei Absichten verfolgt Feuchtwanger mit diesem Buch. Es soll den Charakter der faschistischen Herrschaft und ihrer Unterdrückungsmaßnahmen offenbaren und daneben einen Selbstverständigungsprozess unter den bürgerlichen Exilanten dienen, indem es selbstkritisch das Versagen des Bürgertums vor der anrollenden Gefahr des Nationalsozialismus analysiert und Perspektiven einer verspäteten Reaktion eröffnet.

Mit der Absicht, die Verbrechen der Faschisten in den ersten Wochen ihrer Regierung, ihre offensichtliche Missachtung aller rechtsstaatlichen Grundsätze öffentlich zu machen, steht Feuchtwanger in direkter Nachfolge des 'Braunbuches über Reichstagsbrand und Hitler-Terror'. Offensichtlich ist das Bedürfnis groß, der gleichgeschalteten Presse des Dritten Reiches eine kritische Tatsachenberichterstattung entgegenzustellen, um vor allem dem Ausland die Unterdrückung der Wahrheit in Deutschland kenntlich zu machen. Feuchtwanger erklärt die Intention derartiger Veröffentlichungen im Nachwort zum zweiten 'Braunbuch' 1934.

---

[26] Müller, H.H. (1983) S. 177 f.

> „Die einzige Methode, mittels derer man mit einiger Aussicht auf Erfolg den Lügenapparat der Nazis bekämpfen kann, ist die, immer wieder nüchtern und schlicht auf die dokumentarische Wahrheit hinzuweisen."[27]

Deutlich erkennbar sind die Parallelen zu den Aufzeichnungen Bilfingers und Gustav Oppermanns im Roman.

> „Der Bericht, siebenunddreißig eng beschriebe Maschinenseiten, enthielt detaillierte Angaben über Gewalttätigkeiten, die die völkischen Landsknechte in schwäbischen Gegenden begangen hatte, sowie eine genaue Schilderung des Konzentrationslagers Moosach. Jedes Werturteil war sorgfältig vermieden."[28]

Doch Feuchtwanger lässt keinen Zweifel daran, dass sich der Widerstand gegen das Dritte Reich nicht in der Dokumentation seiner Verbrechen erschöpfen kann, auch wenn er keine konkreten Vorstellungen von der Arbeit einer Widerstandsbewegung, wie er sie im Roman andeutet, vermitteln kann.

So muss er sich selber mit der Rolle eines Gustav Oppermann begnügen von dem der Widerstandskämpfer Klaus Frischlin sagt,

> „er habe zwar die Wahrheit nicht gehabt, sei aber ein gutes Beispiel gewesen."[29]

Der Kontrast zwischen dem dokumentarischen Charakter der erwähnten Aufzeichnungen und dem persönlichen Schicksal der Protagonisten Martin, Gustav und Berthold Oppermann unterstützt die angestrebte Wirkung. Der auf Einfühlung ausgerichteten Romanhandlung werden durch die dokumentarische Basis Glaubwürdigkeit und Repräsentanz verliehen.

Obwohl Feuchtwanger das Schwergewicht seiner Darstellung des Hitlerregimes auf das äußere Erscheinungsbild der Herrschaft legt, versäumt er es auch in diesem Roman nicht, das Großkapital als die Macht im Hintergrund der NSDAP zu benennen. Die Begründung für das Verhalten des Großkapitals hat sich gegenüber 'Erfolg' leicht verändert. Nicht nur, dass man in Hitler den kritiklosen Verkünder der politischen Grundsätze der Elite sieht, man ist auch auf die Gewalt seiner Schlägertrupps zur Zerschlagung der linken Organisationen angewiesen. Der jüdische Unternehmer Jaques Lavendel unterstellt diese Absicht unwidersprochen Friederich Pfanz, einem der Drahtzieher der politischen Ereignisse.

> „Ich bin Kapitalist. Ich verstehe ihre Motive. Ich weiß, daß ihr eure verrottete Wirtschaft nicht anders habt sanieren können als dadurch, daß ihr den lausigen Mob zu Hilfe gerufen habt. Aber sehen Sie, ich bin Kapitalist und ich bin Jude. Wenn Sie mir sagen:

---

[27] Feuchtwanger: Der Mord in Hitlerdeutschland (1934) S. 402
[28] Feuchtwanger: Die Geschwister Oppermann (1933) S. 358
[29] a.a.O., S. 279

> Wir schlagen die Juden tot, aber wir meinen nur die Gewerkschaften, dann werden meine Juden davon nicht wieder lebendig."[30]

Zugleich weist Feuchtwanger in Ansätzen auf den Nationalitäten überschreitenden Klassencharakter des Faschismus hin, wenn er seine Protagonisten die Duldung der Hitlerdiktatur durch das Ausland erwarten lässt.

> „Man hat Guthaben in Deutschland, die man nicht verlieren will, man hat Interesse an Lieferungen für die deutschen Rüstungen, man fürchtet den Bolschewismus, der die Herrschaft der Völkischen ablösen könnte."[31]

Diese Äußerung drängte sich Feuchtwanger sicher auch angesichts der Entstehungsgeschichte des Romans auf, als er ein Filmprojekt abbrechen musste, weil die britische Regierung ihren außenpolitischen Kurs geändert und das Interesse an dem Film verloren hatte. Damals begann die Politik, die von den Exilierten als Verrat an der Demokratie und dem vom Faschismus besiegten Völkern, einschließlich des deutschen empfunden wurde. Dass man zwischen Österreichern, Spaniern, Tschechen und Deutschen nicht unbedingt unterschied, lag an der verbreiteten Überzeugung, die Deutschen lehnten in der Mehrheit das faschistische System ab und gehörten der sogenannten 'Beafsteak-Partei' an.[32] Die strikte Trennung von Nationalsozialismus und deutschem Volk gehörte zu den wichtigsten Grundannahmen der exilierten Antifaschisten. Sie untermauerte den Anspruch, für das 'andere Deutschland' zu sprechen. Obwohl die Hoffnung auf die Gegner Hitlers in Deutschland mit der Dauer des NS-Regiments immer mehr abnahm, wurde sie endgültig erst durch den Verlauf des Zweiten Weltkriegs erschüttert.

Seine zweite Absicht, die kritische Reflexion der Rolle des Bürgertums in der Endphase der Weimarer Republik, verfolgt Feuchtwanger in der Handlung um die drei Brüder Oppermann als Repräsentanten dreier möglicher bürgerlicher Existenzen.[33] Der Unternehmer Martin, der Arzt und Wissenschaftler Edgar und der Philologe und Literat Gustav Oppermann werden zur Zielscheibe der Kritik des Autors. Feuchtwanger verurteilt ihr Zurückweichen und Kompromissschließen, die Gleichgültigkeit gegenüber der Politik, das bequeme Einrichten in einer Sphäre von Geistigkeit und Kultur und das blinde Vertrauen auf die eigene Tüchtigkeit. Er zeigt ihre Neigung, die Augen zu verschließen, sich trügerischen Hoffnungen hingeben, sich mit der Politik zu arrangieren, solange man von ihr nicht direkt betroffen

---

[30] Feuchtwanger: Die Geschwister Oppermann (1933) S. 279
[31] a.a.O., S. 302
[32] vgl. a.a.O., S. 310
[33] vgl. Zerrahn (1984) S. 74

ist, und ihre hilflosen Reaktionen, als sie den Ernst der Lage erkennen müssen.

Doch kommt es Feuchtwanger offenbar nicht in den Sinn, dass die Unterschätzung der faschistischen Gefahr auch mit einer Unterschätzung des faschistischen Führers in Verbindung stehen könnte. Es gelingt Feuchtwanger, Gustav Oppermann und Direktor Francois in ihrer Haltung zur faschistischen Bedrohung zu kritisieren und gleichzeitig ihr Hitlerbild zu übernehmen. Er trennt strikt zwischen der Person Hitlers und dem faschistischen Regime. Während Gefährlichkeit und Brutalität der Nationalsozialisten realistisch geschildert werden und vor einer Unterschätzung der Bedrohung gewarnt wird, zielt die Darstellung Hitlers offensichtlich auf die Zerstörung des Führernimbus. Bezeichnend hierfür ist das Gespräch zwischen Ellen Rosendorff und Gustav Oppermann; erschüttert berichtet sie über den Gesinnungswandel ihres ehemaligen Freundes, eines Hohenzollernprinzen:

> „Er hat Witze über den Führer gerissen, wie wir alle, er hat schallend gelacht, wenn man aus seinem Buch vorgelesen hat. (...) Und jetzt, stellen Sie sich vor, Gustav, seitdem der Mann Kanzler geworden ist, nimmt er ihn ernst. Er wagt es mir gegenüber zu behaupten, der Führer sei wer. Erst dachte ich, er mache einen Witz. Aber er bleibt dabei. Er hat es sich so lang und gründlich vorgelogen, daß nichts mehr zu machen ist."[34]

Deutlich tritt Feuchtwangers Befürchtung zutage, dass Hitler nach seinem Erfolg vom 30. Januar nachträglich zum 'großen Mann' befördert wird. Gustav Oppermann hält denn auch Ellen Rosendorff den Unterschied zwischen Caesar und Hitler vor. Gefangen in der Vorstellung von der Bedeutung 'großer Männer' liegt es Feuchtwanger vor allem daran, Hitler als das genaue Gegenteil dieser 'Giganten' der Geschichte darzustellen. Dieses Ziel versperrt ihm die Möglichkeit einer kritischen und realistischen Erfassung der Bedeutung Hitlers, die, wie das Beispiel des Hohenzollernprinzen zeigt, eine solidere Basis für die Ablehnung Hitlers gelegt hätte. Feuchtwanger präsentiert sich an dieser Stelle als Opfer seiner eigenen Geschichtsauffassung, die die Legende über die Tatsachenanalyse stellt.[35]

5.3 Der falsche Nero

In einem Brief vom 3.9.1935 an Arnold Zweig äußert sich Feuchtwanger zu seinem neuen Romanprojekt 'Der falsche Nero'.

---

[34] Feuchtwanger: Die Geschwister Oppermann (1933) S. 128
[35] vgl. hierzu Kap. 5.4 dieser Arbeit

„Sehr gewichtig wird das Buch nicht werden, aber die Gegenwartsstoffe, die mich rei-
zen, haben sich noch nicht so verdichtet, daß ich an einen von ihnen die Arbeit von zwei
bis drei Jahren setzen möchte, die ein jeder erfordert."[36]

Seiner Konzeption des historischen Romans folgend sieht Feuchtwanger in
dem Stoff des 'Falschen Nero' die Möglichkeit, Zeitgeschehnisse durch die
Verlagerung in frühere Epochen mit größerer innerer Distanz zu gestalten
und zu einem Abschluss zu bringen.[37]

Im Gegensatz zu anderen historischen Romanen Feuchtwangers, etwa der
gleichzeitig fortgesetzten Josephus-Trilogie, ist

„... die ganze geschichtliche Thematik nur eine dünne Hülle, durch die der satirisch töd-
lich getroffene Hitlerfaschismus für jeden Leser sofort sichtbar werden muß."[38]

Feuchtwanger betreibt forciert Analogisierung des historischen Stoffes. Die
Hauptfigur Terenz-Hitler lässt sich ebenso leicht entschlüsseln wie die beiden anderen Köpfe des „Dreiköpfigen Höllenhundes"[39], Knops, alias Goebbels und Trebon, die Goering-Figur. Knops' Ausführungen über die Propaganda und die Beeinflussbarkeit der Massen decken sich ebenso mit der
Realität des Dritten Reiches wie etwa das kostümierte Auftreten Trebons
mit dem Goerings. Die Flut von Apamea wird sofort als Verschlüsselung
des Reichstagsbrandes, die anschließende 'Woche der Messer und Dolche'
als Darstellung der Terrorwelle im März 1933 erkenntlich. Die Verfolgung
der Christen steht für die Zerschlagung der KPD, der Prozess gegen Joannes von Patmos für den Reichstagsbrandprozess gegen Dimitroff und vier
andere Angeklagte, das Gemetzel der 'Rächer Neros' für das Röhm-
Massaker im Juni 1934, der Rechtfertigungsversuch nach der Ermordung
des Leutnants Lusius für den Rückzieher Hitlers vor der Reichswehr nach
der Erschießung Schleichers und so weiter. Die Analogiereihe ließe sich
fortsetzen mit Teilübereinstimmungen und Metaphern, so erinnert Artaban
an Stalin, das Partherreich in seiner immensen Ausdehnung an die Sowjetunion und Joannes steht für die exilierten Schriftsteller. Schon bei diesem
einfachen Entschlüsselungsvorgang stößt man auf das Kernproblem des
Romans, die Darstellung der Initiatoren der Schmierenkomödie, die Terenz
zu spielen hat.

In einem breit angelegten, von Erzähler und Protagonisten reflektierten Er-
klärungsversuche werden die Motive der Drahtzieher erläutert.

---

[36] Feuchtwanger/Zweig: Briefwechsel 1933 – 1958 Bd. 1, S. 93
[37] vgl. Feuchtwanger: Vom Sinn und Unsinn des historischen Romans (1935) u. ders.: Das Haus der Desdemona (1958) S. 129 – 141
[38] Lukacs (1965) S. 330
[39] Feuchtwanger: Der falsche Nero (1936) S. 374

Der König von Edessa, Mallukh, begreift die Herrschaft des falschen Nero als Versuch, sich aus der kolonialen Abhängigkeit von Rom zu lösen, sein Erzpriester Scharbil wehrt sich gegen einen römischen Kulturimperialismus, der die traditionelle syrische Kultur bedroht.[40] Auch König Philipp unterstützt das Unternehmen, um die Unabhängigkeit Commagenes zu behaupten. Für ihn ist sein Engagement zudem ein Akt der Selbstbehauptung, die Auflehnung eines kultivierten Nachfahren Alexanders des Großen gegen die Demütigungen der 'bäurischen' Flavier auf dem Thron Roms.[41] Während die Fürsten der mesopotamischen Kleinstaaten in dem Regime des falschen Nero eine Stärkung ihrer schwachen Position gegenüber den Interessen der Kolonialmacht sehen, versucht der Senator Varro mit seiner Hilfe eine traditionsreiche politische Idee wieder zu politischer Realität werden zu lassen, die Verschmelzung östlicher und westlicher Kultur.

> „Weil sie (die Flavier) keine Phantasie haben, sagen sie, es sei unmöglich, Rom und den Osten zu verschmelzen. Dabei braucht man nur die Augen aufzumachen, und man erkennt heute schon, daß die Menschen und die Städte, die dabei herauskommen, einfach großartig sind. Ich jedenfalls, ich gebe meinen Osten nicht auf."[42]

Varro, der liberale Weltbürger, verknüpft zwar mit der Herrschaft des falschen Nero auch private Interessen, er will sich für die ungerechtfertigte Besteuerung durch den Gouverneur Cejon revanchieren, doch entscheidend für sein Handeln ist die Idee des Ausgleichs.

> „'... Ich bin kein purer Idealist, aber ohne die Idee hätte ich nicht gehandelt. Ich war halb willig, halb unwillig ein Diener der Idee.'"[43]

Varro bilanziert nach dem Scheitern der Herrschaft des falschen Nero dann auch einen wichtigen Erfolg seiner Bemühungen.

> „'Ich habe', schloß der leichtfertige, optimistische Mann, 'trotzdem der Ausgang mich nicht zu loben scheint, im Grunde richtig und vernünftig gehandelt. Die Idee vom Ausgleich zwischen West und Ost ist jetzt tiefer und stärker in der Welt, und ich habe dazu beigetragen.'"[44]

Wird das Ziel des blutigen Schauspiels schon positiv beurteilt, so relativiert sich in diesen Ausführungen sogar die Kritik an den Mitteln, da offensichtlich die Diktatur des Nero-Terenz kein völlig ungeeigneter Versuch zur Umsetzung der Idee war. Im Romanzusammenhang allerdings scheint diese Bilanz Varros völlig unmotiviert. Sieht man von den inneren Monologen Varros und Philipps ab, so hat die Herrschaft des Nero-Terenz nur einen

---

[40] vgl. Feuchtwanger: Der falsche Nero (1936) S. 45
[41] vgl. a.a.O., S. 147
[42] a.a.O., S. 115
[43] Feuchtwanger: Der falsche Nero (1936) S. 364
[44] a.a.O., S. 45

Bezug zur Verschmelzungstheorie, die Person Neros, der einmal die Politik des Ausgleichs verfolgte. Der Alltag des Regimes präsentiert sich indes als Kleinkrieg zwischen römischen und einheimischen Beamten und Militärs.[45] Dennoch wird die Beurteilung Varros durch die Überlegungen Joannes von Patmos am Ende des Romans bestätigt. Diese Schwäche der Verbindung zwischen Terenz-Handlung und ideologischem Überbau auf der Ebene des Geschehens im ersten Jahrhundert unserer Zeitrechnung kritisiert auch Arnold Zweig in einem seiner Briefe an Feuchtwanger:

> „Daß ihr Varro ohne innere Not aus einer Ideenspielerei das Unternehmen des 'Falschen Nero' startet, wird in keiner Weise gestalterisch gerechtfertigt; alles Reden über die Vereinigung von Ost und West hilft da nicht."[46]

Weitaus schwerer als diese Mängel wiegen die Widersprüche, die sich aus der Figur Varros ergeben, wenn man versucht, sie auf einer durch Analogieschlüsse entstandenen Interpretationsebene einzuordnen. Grundsätzlich ergeben sich dabei zwei Möglichkeiten, entweder man folgt dem Analogiedruck und zieht aus der Figur Varros Schlüsse über Feuchtwangers Faschismusauffassung, oder man konstatiert einen Analogiebruch und kritisiert die gestalterische Geschlossenheit. Dieser zweite Weg ist dabei eigentlich nichts anderes als die Fortsetzung der ersten Interpretationsschiene aus der Kenntnis der Feuchtwangerschen Position.

Günter Heeg, ähnlich wie Herbert Claas, sieht in den aristokratischen Politikern um Varro

> „... die großbürgerlich konservativen Politiker von Brüning bis Schleicher, die Hitler den Weg geebnet haben, aber über die schlechten Manieren der Nazis die Nase rümpfen."[47]

Unterstützt wird diese Interpretation nicht nur durch den Automatismus der fortgesetzten Entschlüsselung, sondern auch durch die Analyse der Feuchtwanger'schen Satire. Wie bereits dargestellt[48] nimmt die ästhetische Kritik an der Regierung Terenz, Knops und Trebon im Roman eine wichtige Stellung ein. Sie drückt sich in der satirischen Darstellung des Auftretens der drei Figuren aus, deren positiver Bezugspunkt die Zivilisation und der Lebensstil großbürgerlicher oder aristokratischer Kreise ist. Es liegt nahe, die ästhetische Affinität Feuchtwangers zu diesen Kreisen, wie sie sich nicht nur im 'Falschen Nero' ausdrückt, auch auf die politische Einschätzung auszudehnen, zumal Feuchtwanger auf eine geschichtlich-

---

[45] vgl. a.a.O., S. 275
[46] Arnold Zweig an Feuchtwanger, Brief vom 7.2.37. In: Feuchtwanger/Zweig: Briefwechsel 1933 – 1958 Bd. 1, S. 141
[47] Heeg (1977) S. 133
[48] vgl. S. 31 dieser Arbeit

gesellschaftliche Fundamentierung der Romanhandlung im 'Falschen Nero' verzichtet.

> „Dem gesellschaftlichen Abgehobensein der Intrigen entspricht der merkwürdig ästhetisierte Charakter ihres Verlaufs."[49]

Das Ästhetische erlangt also eine Bedeutung, die die politische Aussageabsicht zu überlagern droht. Die Diktatur des falschen Nero verstößt zunächst und vor allem gegen den guten Geschmack. Zu diesem Urteil tritt schließlich der Sinnstiftungsprozess des Joannes von Patmos.

> „Zuletzt, von oben gesehen, dient jeder Einzelwahn der Vernunft, welche die Zeit ordnet und weitertreibt."[50]

Hier hat sich Feuchtwangers Geschichtsverständnis und Zukunftsglaube in gefährliche Nähe zu fatalistischer Rechtfertigung begeben. Eine mögliche und folgerichtige Interpretation des 'Falschen Nero' stellt denn auch Claas vor.

> „Es sind zwei Ebenen anzutreffen, die auf je verschiedene Weise das Problem terroristischer Diktatur angehen: die Satire, die vor Widerwillen gegen die Form den Inhalt kaum wahrnimmt und der Fortschrittsglaube, der wegen der Höhe seiner Allgemeinheit den Inhalt nicht so genau zu nehmen braucht. Demnach ist der soziale Inhalt der Romankonstruktion: Durch eine strafwürdige Laune gestattet, tobt sich subalterner Wahn aus. Volk ist Pöbel. Die Kleinen spielen die Großen so schlecht, daß sie sich selber zugrunde richten."[51]

Aus dieser Interpretation auf Feuchtwangers Faschismusauffassung schließen zu wollen, erscheint mir jedoch verfehlt. Die Sympathien, die der Erzähler Varro entgegenbringt, decken sich in vielem mit der Einstellung zu den Industriellen Reindl oder Kadereit. Doch im Gegensatz zu diesen Figuren wird bei Varro die Sympathie nicht durch eine politische Aussage relativiert. Mit der stereotypen Wendung: 'Sie mieten sich die Banditen gegen die Roten' wird in den Gegenwartsromanen die politische Aussage wieder ins Lot gebracht, der Leser erkennt den politischen Gegner. Fällt jedoch dieses Korrektiv aus, so zeigen sich deutlich die Schwächen der Romankonstruktion. Dem zu positiv gezeichneten Varro steht eine Diktatur ohne Eigengewicht in der Darstellung gegenüber, der Spielcharakter gewinnt die Oberhand. Durch die Figur des Varro wird die gesamte Analogisierung hinfällig.

> „Und darum sage ich ihnen weiter: mir erscheint ein schriller Mißton die Verkoppelung jenes Varro und seines 'Spiels' mit den furchtbaren Geschehnissen, die zum Dritten Reich führten und das Dritte Reich darstellen. Keinerlei Notwendigkeit ist in dieser

---

[49] Claas (1979) S. 204
[50] Feuchtwanger: Der falsche Nero (1936) S. 394
[51] Claas (1979) S. 205

Verkoppelung, Feuchtwanger, denn alle soziologischen Voraussetzungen des Dritten Reichs sind entgegengesetzt denen, die Ihr Varro vorfindet."[52]

Zweig führt seine Kritik schließlich zu dem Punkt, dass er den historischen Roman als Kampfmittel gegen den Faschismus ablehnt, da in ihm die gesellschaftlichen Voraussetzungen der Entstehung der Hitler-Diktatur nicht adäquat dargestellt werden können. Lukacs ergänzt die Kritik durch die Analyse des Zusammenbruchs der Nero-Diktatur. Da es Feuchtwanger versäumt habe, die Entstehung der Herrschaft gesellschaftlich-geschichtlich zu motivieren, könne auch die Darstellung des Endes der Diktatur nicht überzeugen. Der Eindruck, der dadurch vermittelt werde, sei der des Faschismus als einer 'sozialen Krankheit', einer Diktatur, die bei der Ernüchterung des Volkes nahezu automatisch zusammenbreche.[53]

Tatsächlich vermittelt der Roman keine befriedigende antifaschistische Perspektive. Der Widerstand des Volkes erschöpft sich im Zerstören von Bildwerken und Verbreiten von Spottversen; warum das die Herrschaft gefährden sollte, bleibt wohl Geheimnis des Autors. Eine organisierte, politisch motivierte Widerstandsbewegung als Gegenpol zur Diktatur wird nicht gestaltet. Der quasi von außen wirkende Druck Roms ist auf Grund der imperialistischen Motivation dieser Politik der Kolonialmacht diskreditiert, und Artabans Diktatur der Vernunft bleibt in Distanz zum Geschehen.[54] So reduziert sich auch der Widerstand auf den Exilkünstler Joannes.[55]

Noch mehr scheint mir allerdings die antifaschistische Wirkung durch die Darstellung der Diktatur selbst beeinträchtigt. Feuchtwangers Intention, Nero-Terenz und damit Hitler der Lächerlichkeit preiszugeben, korrespondiert unglücklich mit dem Spiel Varros und der Sinnstiftung des Joannes. Trotz Tausender von Toten gewinnt die Diktatur kein Format, sie bleibt ein schlechter, vor allem aber läppischer Witz.[56] Das gilt in erster Linie für den Diktator selber, am Ende fragt sich der Leser tatsächlich, wie ein 'kleiner Fisch so stinken kann'.

> „Wir wissen aber, lieber Feuchtwanger: es ist gar nicht der kleine Fisch, der so stinkt, es stinkt ein großer Gestank, und der kleine Fisch liegt nur in der Gosse, zieht die Fliegen und die Blicke an und stinkt mit. Zu zeigen war aber, und das wollten Sie wohl auch,

---

[52] Arnold Zweig an Feuchtwanger, Brief vom 7.2.37. In: Feuchtwanger/Zweig: Briefwechsel 1933 – 1958 Bd. 1 S. 142

[53] vgl. Lukacs (1965) S. 415

[54] vgl. hierzu auch Stalins Politik der Beschränkung der Revolution auf die Sowjetunion.

[55] Vgl. Hartmann (1964) S. 645; Naumann (1983 B) S. 70 f.

[56] vgl. Naumann (1983 B) S. 62

oder Sie hätten es wollen sollen, was alles in der Gosse verwest, damit der kleine Fisch so stinken müsse."[57]

Zweig wendet sich nicht so sehr gegen Feuchtwangers Auffassung und Darstellung Hitlers als gegen eine Darstellung des Nationalsozialismus, die gesellschaftlich politische Hintergründe und Bedingungen außer Acht lässt. Nicht die Person Hitlers, egal wie man sie auffasst, sondern das System muss in den Vordergrund der Darstellung gestellt werden. Genau das hat Feuchtwanger im 'Falschen Nero' versäumt, sodass der „arme Affe"[58] Terenz in einem politischen Vakuum hängen bleibt.

5.4 Die Brüder Lautensack

Neun Jahre nach der Machtübertragung auf Hitler schreibt Feuchtwanger im amerikanischen Exil an einem Roman, der sich von Neuem mit den Ereignissen der Jahre 1932 und 33 befasst, den 'Brüdern Lautensack'. Deutlich treten in diesem Werk zwei Wirkungsabschnitte zutage, zum einen, die mystische Überhöhung des Dritten Reiches als Scharlatanerie und Volksverführung zu entlarven, zum zweiten, das definitive literarische Werk zu Hitler und seiner 'Machtergreifung' zu schaffen.

Für den ersten Zweck entwirft Feuchtwanger eine Repräsentativhandlung, die sich um Oskar Lautensack, dem erfolgreichen Hellseher der NSDAP zentriert. Auf einer ersten Ebene gestaltet Feuchtwanger den Kampf der Logischen Vernunft, vertreten durch den Schriftsteller Paul Cramer, gegen den Irrationalismus in der Gestalt Oskar Lautensacks. Dieser Kampf findet sowohl in der Öffentlichkeit statt, als auch in der privaten Auseinandersetzung um Cramers Schwester Käthe Severin, die stellvertretend für das deutsche Volk steht. Die zweite Ebene spielt im Zentrum der Macht und stellt die unterschiedlichen Handlungen der Kreise um Hitler zum Mystizismus dar.

Bereist auf der ersten Seite des Romans knüpft Feuchtwanger eine Verbindung zwischen wirtschaftlich politischer Gesamtsituation und der Empfänglichkeit für das Mystische.

---

[57] Arnold Zweig an Lion Feuchtwanger, Brief vom 23.3.37. In: Feuchtwanger/Zweig: Briefwechsel 1933 – 1958 Bd. 1, S. 153
[58] Feuchtwanger: Der falsche Nero (1936) S. 394

„Seitdem Krieg und Inflation vorbei sind, will die Welt nichts mehr wissen von seinen (Oskar Lautensacks) Künsten."[59]

Diese These wird in der Folge von Paul Cramer in mehreren Essays ausgeführt und mit einer Disposition des 'deutschen Charakters' für Mystizismus gekoppelt.[60] Zugleich aber wird eine Steuerung irrationaler Moden durch die beherrschende Klasse postuliert.

> „Er (Paul Cramer) arbeitete an einem Essay über die Heraufkunft eines neuen magischen Zeitalters. Die herrschenden Schichten, führte er aus, hätten Interesse daran, eine Entwicklung solcher Art zu fördern. Die Massen begännen darüber nachzudenken, wie einfach ihr Hauptübel zu beheben wäre, nämlich durch die Übersetzung von ein paar logischen Schlüssen in die Wirklichkeit. Magische, mystische Vorstellungen aber seien das einfachste Mittel, die Massen von so unerwünschten Erwägungen abzuhalten. Es sei bequemer zu wünschen und zu träumen, als zu denken, es koste weniger Anstrengung und vermittle ein gewisses rauschendes Behagen."[61]

So klar die Zusammenhänge in der Zusammenfassung des Cramer-Essays dargestellt sind, so wenig sind sie im Roman gestaltet. Die potentiell revolutionären Massen treten nirgends auf, die herrschenden Schichten instrumentalisieren den Mythenglauben nicht in der erwähnten Weise, einzig der Rausch, den das Mystische hervorruft, findet sich im Verhältnis von Käthe zu Oskar wieder.

> „Es entstehen in einem, während dieser Fremde spricht, große, angenehme Gefühle wie während einer Rede des Führers. Man schaukelt auf seinen Worten wir beim Baden im Meer. Man denkt nicht mehr daran, wie hoffnungslos verwickelt alles ringsum ist; es ist einem, als sei man beherrscht und geführt von einer dunklen, doch nicht unfreundlichen Macht."[62]

Besitzt die Figur Käthes hier noch eine exemplarische Qualität in der Behandlung des Mystik-Phänomens, so geht diese in der Folge weitgehend verloren, da sich die Beziehung Käthes zu Oskar Lautensack immer mehr auf persönliche Wesenszüge wie etwa sein Einfühlungsvermögen[63] stützt. Zu starke Individualisierung lässt das Problem der Verführbarkeit breiter Bevölkerungsteile in den Hintergrund treten.

Zudem lässt sich eine deutliche Verlagerung der Problematik in das Innere Oskar Lautensacks feststellen. Der Konflikt zwischen Oskar als Besitzer tatsächlicher telepathischer Fähigkeiten, die er der Wissenschaft nutzbar machen will, und Oskar, der als Gaukler und Betrüger eine schnelle und glänzende Karriere anstrebt, interessiert Feuchtwanger mehr als die gesellschaftliche Funktion des Sehers der Partei. Das Gewicht, das Oskar

---

[59] Feuchtwanger: Die Brüder Lautensack (1944) S. 7
[60] vgl. a.a.O., S. 136 u. S. 88
[61] Feuchtwanger: Die Brüder Lautensack (1944) S. 102
[62] a.a.O., S. 86 f.
[63] vgl. a.a.O., S. 103 f. u. S. 253 f.

schließlich erlangt, beruht denn auch nicht auf der Bedeutung seiner Aufgabe, sondern auf der seelischen Verwandtschaft mit Hitler und dessen Sympathien für Oskar.

Auf der zweiten Ebene der Auseinandersetzung mit Mystik und Wunderglauben verzichtet Feuchtwanger fast vollständig auf programmatische Äußerungen und Theorienbildung mit einer Ausnahme, Hannsjörg Lautensack. Oskars Bruder hat im Gegensatz zu Paul Cramer nicht nur die Möglichkeiten erkannt, die ihm eine auf Wunderglauben abzielende Propaganda zur Massenbeeinflussung eröffnet, er hat auch durchschaut, dass Hitler in seiner Anfälligkeit für Mystizismen mit Hilfe seines Bruder steuerbar sein könnte.

> „'Der Führer ist empfänglich für Mystik wie alle großen Männer. Du hast ihm gefallen, Oskar. Wenn wir es gescheit anstellen, dann kannst Du einer seiner Ratgeber werden. *Der* Ratgeber.'"[64]

Damit verbindet Feuchtwanger das Mystikmotiv mit seiner Vorstellung einer parteiinternen Werkzeugfunktion Hitlers. Dass Hannsjörg Lautensacks Pläne nicht aufgehen, liegt nicht an Hitler, der seine eigenen Pläne verfolgen würde, sondern am Widerstand Proells und Zinsdorffs und der politischen Unerfahrenheit Oskars. Hitler zeigt sich beeindruckt von den Fähigkeiten Oskars und zieht ihn in der wichtigen Entscheidung über den weiteren Weg der Partei zwischen Kapital und Massenbasis zu Rate.

> „Über die Meinung dieser letzten Worte konnte kein Zweifel sein: Hitler wartete darauf, daß Oskar seine, des Führers, innere Stimme zum Klingen bringe, daß Oskar ihm helfe durch die 'Schau'."[65]

Hitlers 'abergläubische Furcht davor, den Seher und die Mächte hinter ihm herauszufordern'[66], ist am Ende aber nicht so stark wie der Druck Manfred Proells. Proell hatte zwar ebenfalls Rat bei Oskar gesucht, vertraut aber schließlich doch mehr auf seine ratio. Diese rät ihm, den „Quatschkopf"[67] ermorden zu lassen, denn Oskar hat sich die Feindschaft der Kreise zugezogen, die in der Politik keinen Platz für Mystik sehen.

> „'Ich habe volles Verständnis dafür', erklärte Kadereit, 'daß die okkulten Wissenschaften für das Tausendjährige Reich von Belang sind. Aber für die nächsten zehn Jahre scheinen mir Wirtschaft und Rüstung vordringlicher.'"[68]

Mit wachsender Nähe zu der Entscheidungszentrale des Kapitals wächst das rationale Element der Herrschaftsausübung. Hitler ist völlig im Wun-

---

[64] Feuchtwanger: Die Brüder Lautensack (1944) S. 42

[65] a.a.O. S. 262

[66] a.a.O. S. 273

[67] Feuchtwanger: Die Brüder Lautensack (1944) S. 309

[68] a.a.O. S. 268

derglauben befangen, Proell lässt sich zwar kurzfristig beeindrucken, erkennt aber die Gefahren irrationaler Herrschaft, während Kadereit Oskar von Anfang an nur als Amüsant auffasst, seinen Einfluss auf die Politik jedoch zurückweist.

> „Der Roman weist immer wieder darauf hin, daß der Irrationalismus des Nationalsozialismus nur auf der unteren Ebene des Geschehens von Bedeutung ist – als übergeordnete Kraft bleibt stets die kapitalistische Ratio bestehen."[69]

Dieser Analyse Schneiders widerspricht nicht, dass Hitler selbst Bestandteil des Irrationalismus des Nationalsozialismus ist. Vielmehr wird durch sie die Position Hitlers in der Hierarchie der Macht, so wie sie Feuchtwanger sieht, deutlich.

Feuchtwangers Anspruch, „die Führer der Nazis von einer neuen, sehr gefährlichen Seite zu zeigen"[70], wird der Roman mit der Behandlung des Mystischen im Nationalsozialismus nicht gerecht. Die Ausführungen über die Ablenkungsfunktion von Mystizismen bleiben im Theoretischen stecken. Der Erfolg des Irrationalen scheint auch Feuchtwanger ein unerklärliches Phänomen zu sein.

> „'Die weitaus meisten Menschen', erklärt er (Prof. Hravliczek), sich mit den Händchen den rötlich blonden Bart strähnend, 'sind leider von Natur dazu bestimmt, im Dunkeln zu leben, das heißt in unheilbarer Ignoranz. Dieses Deutschland von heute ist aus Gründen, die hier nicht näher zu erörtern sind, in seiner Erkenntnisfähigkeit besonders beschränkt und infolgedessen den Beschwörungsformeln gewisser Medizinmänner doppelt zugänglich.'"[71]

Zwar bemüht sich Feuchtwanger, die sozio-ökonomische Situation in seinem Erklärungsansatz mit einzubeziehen, unterscheidet sich damit also von Hravliczek im Roman in einem wesentlichen Punkt, eine zufriedenstellende Analyse, wie sie etwa Ernst Bloch in der 'Originalgeschichte des Dritten Reichs' geleistet hat, gelingt ihm allerdings nicht. Vielmehr wird dieser Themenbereich durch die Darstellung des Irrationalen im Charakter Hitlers in den Hintergrund gedrängt. Dazu trägt auch die Parallelisierung der Charaktere Oskars und Hitlers bei, die Oskar Lautensack, den Träger der Mystikproblematik zur Unterstützung der Charakterisierung Hitlers abzieht. Damit geht auch eine Verlagerung von der Darstellung des Mystischen zur Schauspielerproblematik einher, wie sie sich in der Theatralik des Prozesses zwischen Oskar und Paul Cramer offenbart. Offenbar hat Feuchtwanger die Behandlung der Mystikproblematik der Charakterisierung Hitlers und seiner Herrschaft untergeordnet.

---

[69] Schneider (1980) S. 645
[70] Feuchtwanger an Goslitizdat, Brief vom 2.12.42 zitiert nach: Zerrahn (1984) S. 147
[71] Feuchtwanger: Die Brüder Lautensack (1944) S. 175

Feuchtwangers Hauptinteresse lag demnach in dem „Versuch antifaschistischer Geschichtsschreibung"[72].

Es entspricht Feuchtwangers Auffassung von der Bedeutung des historischen Romans, wonach der Legende eine größere Bedeutung zugemessen wird, als der 'objektiven' Geschichtswissenschaft, dass er 1942 versucht, das Bild Hitlers und seiner 'Machtergreifung' für die Nachwelt festzulegen.[73] Brecht schreibt in seinem 'Arbeitsjournal' dazu:

> „mit feuchtwanger über die omnipotenz der geschichtsschreiber gestritten, er sagt, mit einem gemisch von staunen und triumph, er finde es merkwürdig, wie die beschreiber über die geschichte triumphieren, wie horaz den augustus 'gemacht' habe, die propheten der bibel die könige 'aufgebaut' hätten. das braucht er, um zu der vorstellung zu gelangen, *er* werde 'am ende' die meinung der nachwelt über hitler bestimmen."[74]

So nimmt Feuchtwanger seine Vorstellung der Rezeption der 'Brüder Lautensack' in der Zukunft durch die Beurteilung eines Essays von Paul Cramer vorweg.

> „Es war in diesen Tagen, daß Paul Cramer den Artikel über den Schriftsteller Hitler schrieb, jenen Aufsatz, der so viel dazu beigetragen hat, das Bild Hitlers zu zeichnen, wie wir Späteren es sehen."[75]

Für ein Verständnis des Werkes als Versuch 'antifaschistischer Geschichtsschreibung' spricht der Zeitpunkt seiner Entstehung. Hatte Feuchtwanger keinen Zweifel daran gelassen, dass er von einer Niederlage Hitlerdeutschlands gegen die Rote Armee überzeugt sei, so musste ihn der Kriegseintritt der USA ein baldiges Ende der faschistischen Diktatur in Deutschland erwarten lassen. Vor diesem Hintergrund lag ihm daran, einen Beitrag zur Beurteilung der jüngsten deutschen Geschichte zu liefern. Erneut beschäftigte er sich mit der Herkunft und den Anfängen der Hitler-Herrschaft, wobei er auf eine Verschlüsselung teilweise verzichtet und wichtige Situationen der 'Machtergreifung' kommentierend in den Romankontext aufnimmt. So schildert der Roman die Entwicklung der NSDAP vor dem Hintergrund der Ereignisse zwischen dem Frühjahr 1932 und dem Reichstagsbrand. Die Wahlen zum Reichspräsidenten 1932, der Rücktritt des Reichswehrministers Groener am 12.5.32, der Sturz der Regierung Brüning am Ende des gleichen Monats, die Juliwahlen zum Reichstag und die Unterredung Hitlers mit Hindenburg über die Vizekanzlerschaft finden Eingang in den Roman.[76] Dem Gespräch zwischen Hitler und dem Reichspräsidenten

---

[72] Schneider (1980 B) S. 643

[73] vgl. Feuchtwanger: Das Haus der Desdemona (1958) S. 9 – 21

[74] Eintragung Brechts im Arbeitsjournal vom 8.10.1941, Brecht (1974) S. 217

[75] Feuchtwanger: Die Brüder Lautensack (1944) S. 172

[76] vgl. zu den Präsidentenwahlen: Feuchtwanger: Die Brüder Lautensack (1944) S. 100 f.; S. 116 f.;

widmet Feuchtwanger sogar fünf Seiten. Es folgen die Novemberwahlen, die Ernennung zum Reichskanzler und der Reichstagsbrand mit den anschließenden Verfolgungen. Schließlich wird auch die Liquidierung der SA-Führung und Schleichers im Sommer 1934 angedeutet.[77] Angesichts der Fülle konkreter historischer Bezüge und ihrer partiellen Einbindung in die Romanhandlung bleibt zu fragen, wie Feuchtwanger den Weg Hitlers zur Kanzlerschaft darstellt.

Auffälligstes Merkmal der von Feuchtwanger praktizierten Geschichtsschreibung ist ihre Beschränkung auf das Handeln weniger mächtiger Leute. Dies entspricht zwar dem Intrigenspiel um die Präsidialregierungen in der Endphase der Weimarer Republik und der Missachtung des Parlaments, spiegelt aber die politische Situation nur ungenügend wider. Das Volk nimmt nur über die Erwähnung der Wahlergebnisse am Romangeschehen teil. Die Anhängerschaft der NSDAP bleibt ebenso ungestaltet wie ihre organisierten Gegner in SPD, KPD und Gewerkschaften. Diese werden schließlich als Helfer Paul Cramers erwähnt, ihre Motive und ihre Arbeit bleiben jedoch im Dunkeln.[78] Der Widerstand gegen Hitler wird ebenso individualisiert betrachtet wie die Regierungsübernahme. Gänzlich ausgeklammert bleibt auch die soziale Lage der Bevölkerung. Auf dieser Grundlage versucht nun Feuchtwanger, Genese und Wesen der Hitlerdiktatur zu erklären. Wie in den anderen untersuchten Romanen schildert Feuchtwanger das Schicksal der Partei in direkter Abhängigkeit von der Einstellung der Geldgeber zu ihr. Auch die Motive der Machtelite und ihrer Einstellung zur NSDAP decken sich mit den Ausführungen Reindls und Pfanz'.

> „Die Herren hatten sich die Banditen gemietet, damit die ihnen die Arbeiter und Bauern vom Leib hielten."[79]

Nach den Erfahrungen mit der aggressiven Außenpolitik des Dritten Reiches ergänzt Feuchtwanger diesen Motivationsstrang noch um das Interesse der Schwerindustrie an lohnenden Rüstungsaufträgen.

> „Ja, Kadereit hat eine Art Abkommen mit den Nazis getroffen. Er hat sich entschlossen, auf die Partei zu setzen, er unterstützt sie finanziell, er hat gewisse leitende Persönlichkeiten an seinen Unternehmungen interessiert, er wird einen großen Teil dieser Unternehmungen auf Rüstung umstellen. Das ist gewagt; denn wenn die Partei nicht bald an

---

S. 120; zum Rücktritt Groeners S. 125 u. S. 130; zu Brüning S. 147; zu den Juliwahlen S. 153; zum Gespräch über die Vizekanzlerschaft S. 166 – 170

[77] vgl. zu den Novemberwahlen a.a.O., S. 179; zur Ernennung zum Kanzler S. 182 ff.; zum Reichstagsbrand S. 210 – 212, S. 220 u. S. 231; zu Schleicher S. 301 f.; zu Röhm S. 311

[78] vgl. a.a.O., S. 231 f. u. 250 ff.

[79] Feuchtwanger: Die Brüder Lautensack (1944) S. 225 f.

die Macht kommt, wenn nicht bald, allen internationalen Verträgen zuwider, gerüstet wird, dann bedeutet eine solche Umstellung große Verluste."[80]

Zu den rationalen Erwägungen des Großkapitals tritt ähnlich wie im 'Falschen Nero' die Laune eines seiner Vertreter, der aus Freude am Risiko das Spiel mit dem Feuer vorantreibt.

„Aber gerade das Risiko hat ihn angezogen. Hier ist das große Spiel, das er liebt. Die ganze sogenannte Politik der Nazis hat nichts mit wägender Vernunft zu tun, sie ist Gangsterromantik, wildes Hasard."[81]

Die Gefahr dieser Motivkonstruktion ist offensichtlich, die faschistische Diktatur lässt sich als Ergebnis einer unverantwortlichen Übertretung der geordneten Spielregeln des Kapitalismus erklären, wobei das System an sich nicht in Frage gestellt wird. Tatsächlich entsteht im Roman trotz der häufigen Erwähnung einer bewussten Benutzung der NSDAP durch die Machtelite der Eindruck, durch einen dummen Zufall in die Diktatur geraten zu sein. Da Feuchtwanger es versäumt, ein Bild der gesamtgesellschaftlichen Situation Deutschlands zu Beginn der Dreißigerjahre zu entwerfen, er Wirtschaftskrise und Faschisierung weiter Teile der Bevölkerung ebenso außer Acht lässt, wie die ideologische Verwandtschaft zwischen NSDAP und dem reaktionären Teil der Machtelite, trägt auch die Erwähnung des Intrigenspiels um den Reichspräsidenten wenig zur Klärung der Entwicklung bei.

In den nur lose mit dem Roman verbundenen Abschnitten um die beiden Gespräche zwischen Hindenburg und Hitler versucht Feuchtwanger die Zusammenfassung der politischen Ereignisse zwischen den Juliwahlen 1932 und der Übertragung der Kanzlerschaft auf Hitler am 30.1.1933. Künstlerisch stellen diese Parforceritte des kommentierenden Erzählers durch das politische Geschehen offensichtliche Brüche in der Gesamthandlung dar. Doch auch die vermittelten Fakten an sich geben die Entwicklung nur verkürzt und vereinfacht wieder. Anscheinend hat Feuchtwanger hier weitgehende Zugeständnisse an sein Lesepublikum in Amerika gemacht. Auffällig ist beispielsweise angesichts der personenorientierten Darstellungsweise der Verzicht auf die Erwähnung einer Reihe politisch wichtiger Männer dieser Zeit. So erscheint es Feuchtwanger nicht mehr von Bedeutung auf die Rolle von Papens einzugehen, die noch in den 'Geschwister Oppermann' referierte Meinung deutschnationaler Kreise, man könne Hitler durch konservative, bürgerliche Politiker einrahmen und damit das Risiko der faschistischen Diktatur umgehen, findet keine Erwähnung. Problemati-

---

[80] a.a.O., S. 97
[81] ebd.

scher indes sind die willkürlichen Verbiegungen, die Feuchtwanger in der Struktur der Führung der NSDAP vorgenommen hat. Personen wie Goebbels, Strasser oder Goering bleiben ungestaltet, sieht man von einigen Funktionen Goebbels' ab, die auf die Figur Hannsjörg Lautensacks übertragen wurden. Dem Führer der SA Ernst Röhm wird in der Figur des Manfred Proell plötzlich eine Bedeutung zuteil, die er historisch nie besessen hat.

> „'Manfred Proell ist die Partei', sagte unerwartet scharf Hannsjörg."[82]

Das lässt sich historisch allenfalls von Adolf Hitler behaupten. Hitler aber bleibt für Feuchtwanger der Spielball der traditionellen Machtelite, die über Manfred Proell unmittelbaren Einfluss auf die Politik der NSDAP nimmt. Der Führer der Partei hat nach dieser Konzeption nur repräsentative Aufgaben wahrzunehmen, seine einzige politische Entscheidung, die Freilassung Cramers, muss er auf Druck Proells rückgängig machen. Doch selbst den beschränkten Anforderungen, die die Partei an Hitler stellt, ist er nicht gewachsen. Hier zeigt sich die innere Widersprüchlichkeit der Romankonzeption, die Intention, Hitler als ewigen Versager darzustellen, kollidiert sogar noch mit der eingeschränkten Funktion, die er im Roman zu erfüllen hat, „das große Zirkustalent, den lächerlichen, imposanten Clown"[83] darzustellen.

Wie wenig das von Feuchtwanger entworfene Hitlerbild dieses Romans mit der historischen Realität übereinstimmt, wird auch am Schicksal Proells deutlich. Proell, der allmächtige Lenker der Partei und ihres Führers, der Ansprechpartner der Wirtschaft und das rationale Element in der Politik der NSDAP soll Opfer der Kreise um Kadereit werden.

> „Proells Herz war bei der SA; bei der unausbleiblichen endgültigen Auseinandersetzung zwischen den Landsknechten und den feinen Leuten werden er und Kadereit auf verschiedenen Seiten der Barrikade stehen."[84]

Nur die historische Person Röhms zwingt Feuchtwanger zu dieser willkürlichen, vom Charakter Proells und seiner Stellung her unmotivierten Rollenverteilung.

Daher erscheint Feuchtwangers Darstellung der politischen Lage zu Anfang der Dreißigerjahre in ihrer Gesamtheit weder authentisch, noch in sich geschlossen. Die Verbindung der Lautensackhandlung mit dem Versuch eines umfassenden Portraits der faschistischen Herrschaft erweist sich als ungeeignet, sie führt zu Individualisierung und Verkürzungen. Feuchtwan-

---

[82] Feuchtwanger: Die Brüder Lautensack (1944) S. 42
[83] Feuchtwanger: Die Brüder Lautensack (1944) S. 98
[84] a.a.O., S. 267

gers Hitlerbild zieht als dominierendes Element der Romankonstruktion willkürliche Verdrehungen der historischen Fakten nach sich, ohne dass dadurch etwa eine antifaschistische Perspektive eröffnet würde.

6. Fazit

„Ich für meinen Teil habe mich, seitdem ich schreibe, bemüht, historische Romane für
die Vernunft zu schreiben, gegen Dummheit und Gewalt, gegen das, was Marx das Ver-
sinken in der Geschichtslosigkeit nennt."[1]

So formulierte Feuchtwanger Wirkungsabsicht und Anspruch seiner
schriftstellerischen Arbeit auf dem I. Internationalen Schriftstellerkongress
zur Verteidigung der Kultur. An dieser aufklärerisch-pädagogischen Zielsetzung soll auch Feuchtwangers literarische Gestaltung der Person Hitlers
gemessen werden. Sie lässt sich in der Frage zusammenfassen, ob Feuchtwangers Darstellung Hitlers und das von ihr vermittelte Hitlerbild einer
kritischen Auseinandersetzung mit dem Führer der NSDAP förderlich ist
oder nicht.

Feuchtwangers Hitlerbild zeigt sich über den gesamten untersuchten Zeitraum zwischen 1930 und 1943 von einer bemerkenswerten Geschlossenheit. Die Feststellung der Geschlossenheit bezieht sich sowohl auf die innere Homogenität der literarischen Verarbeitung der Figur Hitler als auch auf
ihre zeitliche Konstanz.

Hitler ist für Feuchtwanger der ewige Versager, die „wildgewordene
Null"[2]; unter welchem Aspeckt auch immer man ihn betrachtet, überall offenbart sich seine jämmerliche Nichtigkeit. Hitler ist der „traurige Hans-
wurst"[3], „ein Narr und ein Schisser"[4], ein „kleine(r) Lump"[5], „ein populä-
re(r) Dummkopf"[6], der besser „als Ausrufer einer Jahrmarktsbude oder als
Versicherungsagent"[7] geendet hätte. Die Reihe abwertender Urteile über
Hitler lässt sich beliebig lang fortsetzen, Hitler bleibt immer ein Niemand,
von Rupert Kutzner in 'Erfolg', über Terenz im 'Falschen Nero' bis hin zu
Hitler in den 'Brüdern Lautensack'. Feuchtwangers Änderungen an seinen
Hitlerfiguren sind Detailverschiebungen, Umgewichtungen in der Darstel-
lung, doch die Grundkonzeption bleibt unverändert.

Der sonst in der Exilliteratur beobachtbare Paradigmenwechsel von der de-
klassierenden zur dämonisierenden Darstellung Hitlers wird von Feuchtwanger nicht mitvollzogen.

---

[1] Feuchtwanger: Vom Sinn und Unsinn des historischen Romans (1935) S. 501
[2] ders.: die Brüder Lautensack (1944) S. 172
[3] ders.: Erfolg (1930) S. 415
[4] a.a.O., S. 708 vgl. auch S. 647
[5] ders.: Der falsche Nero (1936) S. 300
[6] ders.: Die Geschwister Oppermann (1933) S. 123
[7] a.a.O., S. 116

Feuchtwangers Darstellungsweise Hitlers zielt seit 'Erfolg' auf die radikale Zerstörung des 'Führernimbus'. Dazu erscheint ihm offensichtlich jedes Mittel recht. Barbarentum, Irrationalität und letztendlich Versagen bilden für Feuchtwanger die herausragenden Merkmale der Hitlerschen Persönlichkeit.

Der Vorwurf der Barbarei im Zusammenhang mit dem Nationalsozialismus findet sich nicht nur bei Feuchtwanger, er ist Gemeingut der exilierten Antifaschisten und kennzeichnet die Ohnmacht der Gegner des Nationalsozialismus, die Herrschaft der Nazis exakt zu beschreiben. Die Art und Weise, wie der Begriff 'Nazibarbarei' Eingang in die politische Sprache der Nachkriegszeit finden konnte, zeigt deutlich die Mängel dieser Charakterisierung. Wie dem restaurativen und auf Veränderung bedachten Zeitgeist der Adenauer-Ära hochwillkommen war, eine Nomenklatur, die politische Realität und Hintergründe verdeckte, der Begriff des Barbarischen erfüllte diese Anforderung. Der archaisierende Begriff der 'Barbarei' verlagert die Kritik am Nationalsozialismus von einer politischen Ebene auf eine zivilisationsgeschichtliche, mit der Konsequenz, dass die Auseinandersetzung nun mit ahistorischen Argumenten wie der 'Dummheit und Bosheit der Menschen' geführt wird, konkrete ökonomisch-soziale Grundlagen und Gegebenheiten aber unerwähnt bleiben. Die Tendenz zu dieser Verlagerung findet sich auch in Feuchtwangers Faschismuskritik, ihr wird aber durch die thesenhafte Einbindung materialistischer Erklärungsansätze entgegengewirkt.

Ein zweiter, ebenfalls eng mit dem Begriff der Barbarei verbundener Mangel liegt in der Versuchung, die Kritik am Nationalsozialismus vor allem auf den Herrschaftsstil zu konzentrieren. In Feuchtwangers Hitlerdarstellung verbindet sich dieses Vorgehen zudem mit einer Herleitung des 'Barbarentums' aus der sozialen Herkunft des Protagonisten. Dies führt vor allem im 'Falschen Nero' zu einem elitären Antifaschismus, der im Bürgertum weniger den Mitschuldigen an der nationalsozialistischen Diktatur sieht als ihren geborenen Feind, da die Form der faschistischen Herrschaftsausübung die Träger der Zivilisation unweigerlich in die Opposition treibe. Hitlers pöbelhaftes 'Barbarentum' führt zur Renaissance bürgerlicher Werte und in Verkennung der Bedeutung des kulturellen Überbaus auch zur Akzeptanz bürgerlicher Herrschaft. Faschismus wird nicht als Form bürgerlicher Herrschaft erkenntlich, sondern als Aufstand des unzivilisierten 'Pöbels'. Auch dieser Vorwurf relativiert sich im Hinblick auf Figuren wie Reindl, Pfanz, Varro oder Kadereit in gewissem Grade. Die künstlerische Umsetzung des elitären Antifaschismus legt aber nahe, dass die Unterstützung Hitlers der Irrtum innerhalb eines ansonsten intakten Gesellschaftssystems gewesen sei.

Einen noch breiteren Raum in Feuchtwangers Hitlerbild beansprucht der Begriff der 'Irrationalität'. Das Irrationale spielt in der Herrschaft der Nationalsozialisten eine wichtige Rolle, bei der zwei voneinander unabhängige Aspekte zu unterscheiden sind. Zum einen die planmäßige und rationale Ausnutzung der Möglichkeiten, die in der Faszination mystisch überhöhter Demagogie begründet liegen, zum anderen das zweifellos vorhandene irrationale Element in der Persönlichkeit Hitlers. Feuchtwanger setzt sich mit beiden Aspekten auseinander, legt aber das Schwergewicht seiner Darstellung eindeutig auf den Charakter Hitlers mit seinen Defekte.

Die Instrumentalisierung des Irrationalen wird in Feuchtwangers Romanen nicht von den Hitlerfiguren, sondern von Personen wir Knops oder Hannsjörg Lautensack, vollständigen oder teilweisen Goebbels-Figurationen, vollführt.

Die Abkopplung von der Figur Hitlers lässt den Aspekt der Funktionalisierung jedoch in den Hintergrund treten, und Feuchtwanger begibt sich der Möglichkeit, einen der wichtigsten Gründe für Hitlers Aufstieg überzeugend zu gestalten. Dieser Verzicht erklärt sich aus Feuchtwangers Bemühen, jede Spur plan- und zweckmäßigen Handelns im Verhalten Hitlers zu vermeiden, um ihn um so klarer der Unzurechnungsfähigkeit zu bezichtigen.

Die Hitlerfiguren Feuchtwangers sind selber Opfer der Irrationalität. Zwar lässt sich das objektive Ergebnis ihres Handelns nicht immer von einer bewussten Instrumentalisierung des Irrationalen unterscheiden, doch kann dies nicht bewusst intendiert werden. Ein Beispiel hierfür ist Feuchtwangers Gestaltung des Redners Hitler, dieser vermag die Massen nur zu begeistern, wenn er sich selbst in Trance versetzt. Richtet sich Feuchtwangers Kritik hier auf die Unverantwortlichkeit des politischen Redners, so geht es ihm, wenn er Hitlers Irrationalität als beherrschendes Element seines Charakters herausstellt, einzig um die Aufdeckung psychischer Defekte, die ihren Träger für die Aufgaben eines Politikers disqualifizieren. Hitlers Handeln wird nach Feuchtwanger von Träumen, Prophezeiungen, eingebildeten Schicksalsweisungen oder Befehlen seiner 'inneren Stimme' gelenkt. Es ist geprägt durch ein Elternhaus, in dem psychische Defekte an der Tagesordnung sind, durch eine traumatische Vaterfigur, oder durch einen Minderwertigkeitskomplex, der vor allem sein Verhalten gegenüber der traditionellen Machtelite beeinflusst. Feuchtwangers Methode der Psychologisierung, die er vor allem im 'Falschen Nero' bis zur Konstruktion einer

pathologischen Hitlerfigur führt, erscheint in ihrer Überspitzung jedoch e-
her dazu angetan, die Glaubwürdigkeit der Figuren zu erschüttern als die
des Führers der NSDAP. Feuchtwanger erliegt damit der eingangs erwähnten Gefahr eines biographischen Ansatzes zur Interpretation geschichtlicher
Prozesse. Die von Feuchtwanger verwandte Methode der Psychoanalyse
entwickelt eine Eigendynamik in der Gestaltung der Hitlerfiguren, die am
eigentlichen Problem des Nationalsozialismus vorbeizielt, von einer politischen Auseinandersetzung ablenkt und schließlich sogar die Glaubwürdigkeit der Figuren und damit zentraler Aussagen gefährdet. Feuchtwangers
Bemühen, diesem Prozess durch die Konstruktion rational handelnder Figuren in der Führungsspitze der NSDAP entgegenzusteuern, ist nur bedingt
von Erfolg gekrönt, auch wenn diese Figuren erhebliches Gewicht schon
allein dadurch erhalten, dass Feuchtwanger an ihnen Hitlers drittes We-
sensmerkmal gestalten kann, sein ewiges Versagen.

Hitlers letztendliches Versagen ist für Feuchtwanger die logische Folge
seiner untauglichen Persönlichkeit. Feuchtwangers Darstellung seiner Hitlerfiguren ist so angelegt, dass auch Hitlers Erfolge bruchlos in das Bild
eines Versagers integriert werden können. Feuchtwangers Hitlerfiguren
stolpern geradezu in ihre Erfolge, sie werden ihnen in den Schoß gelegt,
doch die überraschten Protagonisten können in der Regel mit diesen Erfol-
gen nicht umgehen.

Äußere Erfolge sind stets begleitet von inneren Niederlagen, Niederlagen
schwacher Persönlichkeiten gegenüber der Situation oder dem Gegenspie-
ler. In 'Erfolg' und im 'Falschen Nero' folgt schließlich auch der äußere
Zusammenbruch der hohlen Fassade, die von keiner Persönlichkeit untermauert ist. Hinter dieser Auffassung Feuchtwangers von Hitlers Persönlichkeit steht das Bild des 'großen Mannes' als Maßstab für die historische
Bedeutung des 'Führers'.

> „Man kann natürlich auf der Bühne Effekte erzielen, wenn man eine Figur als ihr Ge-
> genteil darstellt, Cäsar als kleinen Dummkopf, Rembrandt als Pfuscher, Napoleon als
> Trottel und Hitler als großen Mann."[8]

Feuchtwangers Auffassung von Bedeutung 'großer Männer' im Ge-
schichtsprozess und damit sein biographischer Ansatz stößt in der Person
Hitlers zwangsläufig an seine Grenzen. Hitler entspricht in keiner Weise
Feuchtwangers Vorstellung von historischer Größe, er wird als das genaue
Gegenteil dargestellt, was aber der objektiven Bedeutung Hitlers im 'Füh-
rerstaat' nicht gerecht wird. Brecht fasst die Problematik der Feuchtwan-

---

[8] Feuchtwanger: Offener Brief an sieben Berliner Schauspieler (1941) S. 528

ger'schen Hitlerkritik in einer Eintragung im Arbeitsjournal vom 28.2.42 zusammen.

„feuchtwanger zum abendessen hier. thema wieder *ist   hitler ein hampelmann?*
F(EUCHTWANGER) und der meisten hitlergegnerkonzeption, nach der H(ITLER) ein
völlig unbedeutender mime ist, den die reichswehr engagiert hat, ihre geschäfte zu be-
sorgen. hauptargument: der stil ist der mann. kein plan, keine originelle idee, feindschaft
gegen denken usw. nun ganz abgesehen davon, daß hitler mir als großer mann durchaus
willkommen ist, dh daß mir eine revision der bürgerlichen vorstellung vom *großen
mann* (also von bürgerlicher größer, von dem, was ein großer bürgerlicher politiker ist
oder sein kann) akut zu sein scheint, weshalb ich ohne weiteres bereit bin, H(ITLER) als
großen bürgerlichen politiker zu behandeln – scheint mir die feuchtwangersche konzeption, die ebnen die bürgerliche ist, weder vom propagandistischen noch vom historischen standpunkt aus sinnvoll. man bekämpft hitler nicht, wenn man ihn als besonders
unfähig, als auswuchs, perversität, humbug, speziell pathologischen fall hinstellt und
ihm die andern bürgerlichen politiker als muster, unerreichte muster, vorhält; wie man
auch den faschismus nicht bekämpfen kann, wenn man ihn vom 'gesunden' bürgertum
(reichswehr und industrie) isoliert und 'allein' beseitigen will. würde man ihn goutieren,
wenn er 'groß' wäre?"[9]

Auf diese letzte Frage Brechts würde Feuchtwanger sicher mit einem klaren 'Nein' antworten, doch zeigt sie deutlich, auf welches Terrain sich die
Auseinandersetzung mit dem Nationalsozialismus verschiebt, wenn man
sie als Auseinandersetzung mit der Persönlichkeit Hitlers versteht. Das
Wesen des Faschismus lässt sich nicht mit der Beantwortung von Fragen
nach der charakterlichen Größe seines Führers erklären, unabhängig davon,
ob die Antworten zutreffend sind oder nicht. Feuchtwangers Analyse der
Persönlichkeit Hitlers gibt falsche Antworten, die in die Frage münden:
„'Wie kann ein kleiner Fisch so stinken!'"[10]. Doch Feuchtwanger formu-
liert den Satz nicht als Frage, sondern als verärgert, verwunderte Feststellung, die nicht zur Erklärung der Hintergründe führt.

Insofern wird Feuchtwanger mit der Gestaltung seiner Hitlerfiguren dem
pädagogisch-aufklärerischen Anspruch seiner Romane nicht gerecht, ein
Urteil, das sich nicht auf die Gestaltung der nationalsozialistischen Anhängerschaft ausdehnen lässt. Feuchtwangers Charakterstudien aus dem Klein-
bürger- und Bürgertum tragen mehr zur Erhellung des Phänomens Nationalsozialismus bei, als der Versuch, mit Hitler den Faschismus lächerlich
zu machen.

---

[9] Eintragung Brechts im Arbeitsjournal vom 28.2.1942, Brecht (1974) S. 266
[10] Feuchtwanger: Der falsche Nero (1936) S. 300

7. Literaturverzeichnis

A. Werke Lion Feuchtwangers

AN MEINE SOWJETLESER (1937). In: Ein Buch nur für meine Freunde. Frankfurt 1984, S. 520 – 523

BIN ICH DEUTSCHER ODER JÜDISCHER SCHRIFTSTELLER (1933). In: Ein Buch nur für meine Freunde. Frankfurt 1984, S. 362 – 364

DAS HAUS AM GRÜNEN WEG (1946). In: Venedig (Texas) und vierzehn anderen Erzählungen. New York 1946. S. 33 – 50

DAS HAUS DER DESDEMONA ODER GRÖSSE UND GRENZEN DER HISTORISCHEN DICHTUNG (1958). München, Wien 1984.

DER ÄSTHET IN DER SOWJETUNION (1937). In: Ein Buch nur für meine Freunde. Frankfurt 1984, S. 505 – 508

DER AUTOR ÜBER SICH SELBST (1928). In: Ein Buch nur für meine Freunde. Frankfurt 1984, S. 365 – 372

DER FALSCHE NERO (1936). Gesammelte Werke in Einzelausgaben, Bd. 5, 3. Aufl., Berlin und Weimar 1980.

DER JÜDISCHE KRIEG (1932). Gesammelte Werke in Einzelausgaben, Bd. 2, 4. Aufl., Berlin und Weimar 1983.

DER MORD IN HITLERDEUTSCHLAND (1934). In: Braunbuch II. Dimitroff contra Goering. Enthüllungen über die wahren Brandstifter. Reprint Köln und Frankfurt 1981, S. 402 – 404

DER SCHRIFTSTELLER IM EXIL (1943). In: Ein Buch nur für meine Freunde. Frankfurt 1984, S. 533 – 539

DER TAG WIRD KOMMEN (1945). Gesammelte Werke in Einzelausgaben, Bd. 4, 4. Aufl., Berlin und Weimar 1983.

DER TEUFEL IN FRANKREICH (1942). München und Wien 1983.

DER TREUE PETER (1946). In: Venedig (Texas) und vierzehn andere Erzählungen, New York 1946, S. 60 – 68

DIE GESCHWISTER OPPERMANN (1933). Frankfurt 1981.

DIE BRÜDER LAUTENSACK (1944). In: Die Brüder Lautensack/Simone. Gesammelte Werke in Einzelausgaben, Bd. 13, 2. Aufl., Berlin und Weimar 1984, S. 1 – 328

DIE LÜGENTANTE (1946). In: Venedig (Texas) und vierzehn andere Erzählungen, New York 1946, S. 73 – 77

DIE SÖHNE (1935). Gesammelte Werke in Einzelausgaben, Bd. 3, 4. Aufl., Berlin und Weimar 1983.

EIN BUCH NUR FÜR MEINE FREUNDE (1956). Frankfurt 1984. (Titel der Originalausgabe: Centum Opuscula)

EIN REISEBERICHT (1937). In: Exil. Literarische und politische Texte aus dem deutschen Exil 1933 – 1945, Bd. 3 Perspektiven. hrsg. v. Ernst Loewy. Frankfurt 1982, S. 1099 – 1103

EINE NEUE BARRIERE GEGEN DEN KRIEG (1937). In: Das Wort Nr. 3, 1937, S. 100 f.

EINE WETTE (1946). In: Venedig (Texas) und vierzehn andere Erzählungen, New York 1946, S. 78 – 89

ERFOLG. DREI JAHRE GESCHICHTE EINER PROVINZ (1930). 2. Aufl. Frankfurt 1980.

EXIL (1940). 3. Aufl. Frankfurt 1981.

GESPRÄCHE MIT DEM EWIGEN JUDEN (1920). In: Ein Buch nur für meine Freunde. Frankfurt 1984, S. 52 – 92

HERRN HANSICKES WIEDERGEBURT (1946). In: Venedig (Texas) und vierzehn andere Erzählungen, New York 1946, S. 60 – 72

HEUTE, AM 40. JAHRESTAG ... (1957). In: Neues Deutschland 24. Oktober 1957, Nr. 252, S. 2. zitiert nach: Pischel, Joseph: Lion Feuchtwanger. Versuch über Leben und Werk. Frankfurt 1984, S. 208

LIED DER GEFALLENEN (1914). In: Ein Buch nur für meine Freunde. Frankfurt 1984, S. 567

MEIN ROMAN ' ERFOLG' (1931). In: Ein Buch nur für meine Freunde. Frankfurt 1984, S. 388 – 390

NACHWORT ZU 'EXIL' (1940). In: Exil. 3. Aufl. Frankfurt 1981 S. 787 – 791

NATIONALISMUS UND JUDENTUM (1933). In: Ein Buch nur für meine Freunde. Frankfurt 1984, S. 467 – 487

NEROS TOD (1936). In: Das Wort Nr. 6, 1936. S. 33 – 41

OFFENER BRIEF AN DEN BEWOHNER MEINES HAUSES
MAHLERSTRASSE 8 IN BERLIN (1935). In: Ein Buch nur für meine
Freunde. Frankfurt 1984, S. 491 – 493

OFFENER BRIEF AN SIEBEN BERLINER SCHAUSPIELER (1941). In:
Ein Buch nur für meine Freunde. Frankfurt 1984, S. 526 – 532

SELBSTDARSTELLUNG (1933). In: Ein Buch nur für meine Freunde.
Frankfurt 1984, S. 356 – 361

SIMONE (1945). In: Die Brüder Lautensack/Simone. Gesammelte Werke
in Einzelausgaben Bd. 13, 2. Aufl., Berlin und Weimar 1984, S. 329 – 571

VOM SINN UND UNSINN DES HISTORISCHEN ROMANS (1935). In:
Ein Buch nur für meine Freunde. Frankfurt 1984, S. 494 – 501

WIE BEKÄMPFEN WIR DAS DRITTE REICH (1931). In: Welt am
Abend. 21.1.1931. zitiert nach: Sternburg, Wilhelm von: Lion Feuchtwanger. Ein deutsches Schriftsteller erleben. Königstein 1984, S. 244 f.

WIE DAS DRITTE REICH DIE SCHRIFTSTELLER VERFOLGT
(1937). In: Der deutsche PEN-Club im Exil 1933 – 1948. Eine Ausstellung
der deutschen Bibliothek Frankfurt am Main. Frankfurt 1980 S. 169 ff.

B. Veröffentlichungen anderer Autoren in Zusammenarbeit mit Lion Feuchtwanger

BRECHT, Berthold: Die Geschichte der Simone Marchard (1957) 2. Aufl, Frankfurt 1976.

FEUCHTWANGER, Lion u. ZWEIG Arnolg: Briefwechsel 1933 – 1958. Hrsg. v. Harold von Hofe. Bd. 1 1933 – 1948; Bd. 2 1949 – 1958. Berlin und Weimar 1984.

MANN, Heinrich, FEUCHTWANGER, Lion u. BRECHT, Berthold: Aufruf an die Deutschen. In: Exil. Literarische und politische Texte aus dem deutschen Exil. 1933 – 1945. Bd. 3 Perspektiven. Hrsg. v. Ernst Loewy. Frankfurt 1982. S. 1149 f.

C. Weitere benutzte Literatur

BAHR (1976)   Bahr, Eberhard: Der Schriftstellerkongreß 1943 an der Universität von Kalifornien. In: Deutsche Exilliteratur seit 1933. 1. Teil Kalifornien, Bd. 1. Hrsg. v. John M. Spalak u. Joseph Strelka. Bern 1976. S. 40 – 61

BERENSOHN (1976 A) Berendsohn, Walter A.: Der Meister des politischen Romans. Lion Feuchtwanger. Stockholm 1976.

BERENDSOHN (1976 B) ders.: Die humanistische Front. Einführung in die deutsche Emigrantenliteratur. 2. Teil. Worms 1976.

BERENDSOHN (1978) ders.: Die humanistische Front. Einführung in die deutsche Emigrantenliteratur. 1. Teil. Worms 1978.

BERGLUND (1973)   Berglund, Gisela: Deutsche Opposition gegen Hitler in Presse und Roman des Exils. Eine Darstellung und ein Vergleich mit der historischen Wirklichkeit. Stockholm 1973.

BERNDT (1972)   Berndt, Wolfgang: The Trilogy. Der Wartesaal. In: Lion Feuchtwanger. The man, his ideas, his work. Hrsg. v. John M. Spalek. Los Angeles 1972. S. 131 – 165

BESSMERTNY (1937) Bessmertny, Alexander: Der falsche Nero. In: Die neue Weltbühne. Nr. 7, 1937. S. 207 – 210

BLOCH (1954)   Bloch, Ernst: Goya in Wallstreet. In: Lion Feuchtwanger zum siebzigsten Geburtstag. Worte seiner Freunde. Berlin 1954. S. 57 f.

BRACHER (1983)   Bracher, Karl-Dietrich: Demokratie und
                      Machtergreifung: Der Weg zum 30. Januar
                      1933. In: Nationalsozialistische Diktatur 1933
                      – 1945. Eine Bilanz. Hrsg. v. K.D. Bracher, M.
                      Funke u. H. A. Jacobsen. Bonn 1983. S. 17 –
                      36 (= Schriftenreihe der Bundeszentrale für po-
                      litische Bildung, Bd. 192)

BRAUNBUCH II (1981)   Braunbuch II. Dimitroff contra Goering. Ent-
                      hüllungen über die wahren Brandstifter. Köln,
                      Frankfurt 1981. (Reprint des Originals Paris
                      1934)

BRECHT (1974)   Brecht, Berthold: Arbeitsjournal 1938 – 1955.
                      Bd. 1 u. 2. Hrsg. v. Werner Hecht. Frankfurt
                      1974. (=Werkausgabe edition suhrkamp Sup-
                      plementband)

BRECHT (1981)   ders.: Briefe. Bd. 1 u. 2. Hrsg. u. kommentiert
                      v. Günter Glaeser. Frankfurt 1981.

BREDEL (1976)   Bredel, Willi: Lion Feuchtwanger in Moskau.
                      In: ders.: Publizistik. Zur Literatur und Ge-
                      schichte. Gesammelte Werke in Einzelausga-
                      ben. Bd. XIV. Berlin und Weimar 1976. S. 475
                      – 479

BRÜCKENER/MODICK   Brückener, Egon u. Modick, Klaus: Lion
(1978)   Feuchtwangers Roman 'Erfolg'. Leistung und
                      Problematik schriftstellerischer Aufklärung in
                      der Endphase der Weimarer Republik. Kron-
                      berg/Taunus 1978.

CLAAS (1979)   Claas, Herbert: Satirische Gesellschaftsromane
                      mit historischem Stoff bei Lion Feuchtwanger
                      und Berthold Brecht. In: Antifaschistische Lite-
                      ratur. Bd. 3. Prosaformen. Hrsg. v. Lutz Winck-
                      ler. Frankfurt 1979. S. 202 – 226

CLASON (1975)

Clason, Synnöve: Die Welt erklären. Geschichte und Fiktion in Lion Feuchtwangers Roman Erfolg. Stockholm 1975.

DAHLKE (1976)

Dahlke, Hans: Geschichtsroman und Literaturkritik im Exil. Berlin und Weimar 1976.

EMMERICH (1977)

Emmerich, Wolfgang: 'Massenfaschismus' und die Rolle des Ästhetischen. Faschismustheorie bei Ernst Bloch, Walter Benjamin, Berthold Brecht. In: Antifaschistische Literatur. Bd. 1 Programme, Autoren, Werke. Hrsg. v. Lutz Winckler. Konberg/Taunus 1977. S. 223 – 290

ERFAHRUNG (1981)

Erfahrung Exil. Antifaschistische Romane 1933 – 1945. Analysen. Hrsg. v. Sigird Bock u. Manfred Hahn. 2. Aufl. Berlin und Weimar 1981.

EXIL (1982)

Exil. Literarische und politische Texte aus dem deutschen Exil 1933 – 1945.
Bd. 1 Mit dem Gesicht nach Deutschland
Bd. 2 Erbärmlichkeit und Größe
Bd. 3 Perspektiven
Hrsg. v. Ernst Loewy. Frankfurt 1982.

EXILLITERATUR (1973)

Die deutsche Exilliteratur 1933 – 1945. Hrsg. v. Manfred Durzak. Stuttgart 1973.

EXILLITERATUR (1976)

Deutsche Exilliteratur seit 1933. Bd. 1 Kalifornien. Teil 1. Hrsg. v. John M. Spalek u. Joseph Strelka. Bern, München 1976.

FASCHISMUS (1975)

Der deutsche Faschismus in Quellen und Dokumenten. Hrsg. v. Reinhard Kühnl. Köln 1975.

FASCHISMUSKRITIK
(1981)

Faschismuskritik und Deutschlandbild im Exilroman. Hrsg. v. Christian Fritsch u. Lutz
Winckler. Berlin 1981. (= Argument Sonder-
band 76)

FEST (1980)

Fest, Joachim C.: Das Gesicht des Dritten Reiches. Profile einer totalitären Herrschaft.
7. Aufl. München 1980.

FEUCHTWANGER
(1959 A)

Lion Feuchtwanger. Hrsg. v. Kollektiv für
Literaturgeschichte im volkseigenen Verlag
Volk und Wissen. Bearbeitung und Redaktion
Kurt Böttcher u. Paul Günter Krohn. 3. bearb.
Aufl. Berlin 1959. (= Schriftsteller der
Gegenwart Bd. 2)

FEUCHTWANGER
(1983)

Lion Feuchtwanger. Hrsg. v. Heinz Ludwig
Arnold. Text und Kritik Bd. 79/80. München
1983.

FEUCHTWANGER
(1954)

Lion Feuchtwanger zum siebzigsten Geburtstag. Worte an seine Freunde. Berlin 1954.

FEUCHTWANGER
(1959 B)

Lion Feuchtwanger zum Gedenken. Von seinen
Freunden auf der Heidecksburg. Hrsg. v. Karl
Dietz. Rudolstadt 1959.

FEUCHTWANGER
(1972)

Lion Feuchtwanger. The man, his ideas, his
work. A collection of critical essays. Hrsg. v
John M. Spalek. Los Angeles 1972.

FEUCHTWANGER
(1984)

Lion Feuchtwanger. Werke und Wirkung.
Hrsg. v. Rudolf Wolff. Bonn 1984 (= Samm-
lung Profile 6)

HANS u. WINCKLER
(1983)

Hans, Jan, u. Winckler, Lutz: Von der Selbst-
verständigung des Künstlers in Krisenzeiten.
In: Lion Feuchtwanger. Text und Kritik Bd.
79/80. Hrsg. v. Heinz Ludwig Arnold. München 1983. S. 28 – 48

HARTMANN (1961)   Hartmann, Horst: Die Antithetik Macht-Geist im Werk Lion Feuchtwangers. In: Weimarer Beiträge Nr. IV 1961. S. 667 – 693

HARTMANN (1964)   ders.: Kunst ist Waffe – Lion Feuchtwanger 1884 – 1958. In: Deutschunterricht Jhg. 17. Heft 12. 1964. S. 641 – 653

HEEG (1977)   Heeg, Günther: Die Wendung zur Geschichte. Konstitutionsprobleme antifaschistischer Literatur im Exil. Stuttgart 1977.

HEIDEN (1936)   Heiden, Konrad: Adolf Hitler. Das Zeitalter der Verantwortungslosigkeit. Zürich 1936.

HILDEBRAND (1983)   Hildebrand, Klaus: Monokratie oder Polykratie. Hitlers Herrschaft und das Dritte Reich. In: Nationalsozialistische Diktatur 1933 – 1945. Eine Bilanz. Hrsg. v. K. D. Bracher, M. Funke u. H. A. Jacobsen. Bonn 1983. S. 73 – 96 (= Schriftenreihe der Bundeszentrale für politische Bildung, Bd. 192)

HILLER (1950)   Hiller, Kurt: Der Fall Feuchtwanger. In: ders.: Köpfe und Tröpfe. Profile aus einem Vierteljahrhundert. Hamburg 1950.

JÄCKEL (1983)   Jäckel, Eberhard: Hitler und die Deutschen. In: Nationalsozialistische Diktatur 1933 – 1945. Eine Bilanz. hrsg. v. K. D. Bracher, M. Funke u. H. A. Jacobsen. Bonn 1983. S. 706 – 720 (= Schriftenreihe der Bundeszentrale für politische Bildung, Bd. 192)

JÄGER u. SKIERKA (1984)   Jäger, Stefan u. Skierka, Volker: Lion Feuchtwanger – Eine Biographie. Berlin 1984.

JARETZKY (1984)   Jaretzky, Reinhold: Lion Feuchtwanger. Reinbek 1984.

JARMATZ (1966)   Jarmatz, Klaus: Literatur im Exil. Berlin 1966.

JARMATZ (1965)   ders.: Aktivitäten und Perspektiven im histori-
                        schen Roman des kritischen Realismus 1933 –
                        1945. In: Weimarer Beiträge Heft 3, 1965. S.
                        350 – 376

JESKE u. ZAHN (1984)   Jeske, Wolfgang u. Zahn, Peter: Lion Feucht-
                        wanger oder Der arge Weg der Erkenntnis.
                        Stuttgart 1984.

KAHN (1976)   Kahn, Lothar: Lion Feuchtwanger. In: Deut-
                        sche Exilliteratur seit 1933. Bd. 1 Kalifornien.
                        Teil 1. Hrsg. v. John M. Spalek u. Joseph Strel-
                        ka. Bern, München 1976. S. 331 – 352

KANTOROWICZ (1978)   Kantorowicz, Alfred: Politik und Literatur im
                        Exil. Deutschsprachige Schriftsteller im Kampf
                        gegen den Nationalsozialismus. Hamburg
                        1978.

KARST (1954)   Karst, Roman: Begegnungen mit dem ‚Erfolg‘.
                        In: Lion Feuchtwanger zum siebzigsten Ge-
                        burtstag. Worte seiner Freunde. Berlin 1954. S.
                        61 – 78

KAUFMANN (1966)   Kaufmann, Hans: Krisen und Wandlungen der
                        deutschen Literatur von Wedekind bis Feucht-
                        wanger. Berlin 1966.

KESTEN (1959)   Kesten, Hermann: Meine Freunde, die Poeten.
                        München 1959.

KETTENACKER (1983)   Kettenacker, Lothar: Sozialpsychologische
                        Aspekte der Führer-Herrschaft. In:
                        Nationalsozialistische Diktatur 1933 – 1945.
                        Eine Bilanz. Hrsg. v. K. D. Bracher, M. Funke
                        u. H. A. Jacobsen. Bonn 1983. S. 97 – 131 (=
                        Schriftenreihe der Bundeszentrale für politische
                        Bildung, Bd. 192)

KLEMPERER (1959)   Klemperer, Victor: Der zentrale Roman Lion
                      Feuchtwangers. In: Lion Feuchtwanger zum
                      Gedenken. Von seinen Freunden auf der Hei-
                      decksburg. Hrsg. v. Karl Dietz. Rudolstadt
                      1959. S. 37 – 74

KÖPKE (1983 A)   Köpke, Wulf: Lion Feuchtwanger. München
                      1983 (= Autorenbücher 35)

KÖPKE (1983 B)   ders.: Das dreifache Ja zur Sowjetunion. Lion
                      Feuchtwangers Antwort an die Enttäuschten
                      zum Zweifelnden. In: Exilforschung. Ein inter-
                      nationales Jahrbuch. 1983. Stalin und die Intel-
                      lektuellen und andere Themen. Hrsg. i.A.d.
                      Ges. f. Exilforschung/Society for Exile Studies
                      v. Thomas Koebner, Wulf Köpke u. Joachim
                      Radkau. München 1983. S. 61 – 72

KÜHNL (1971)   Kühnl, Reinhard: Formen bürgerlicher Herr-
                      schaft. Liberalismus – Faschismus. Reinbek
                      1979.

KUNST (1979)   Kunst und Literatur im antifaschistischen 1933
                      – 1945 in sieben Bänden. Bd. 1 Exil in der
                      UdSSR. Frankfurt 1979.

KUNST (1981)   Kunst und Literatur im antifaschistischen 1933
                      – 1945 in sieben Bänden. Bd. 7 Exil in Frank-
                      reich. Frankfurt 1981.

KUNST (1983)   Kunst und Literatur im antifaschistischen 1933
                      – 1945 in sieben Bänden. Bd. 3 Exil in den
                      USA. 2. verbesserte u. erweiterte Aufl. Leipzig
                      1983.

LESER (1938)   Ein polnischer Leser: Brief an Lion Feucht-
                      wanger. In: Das Wort Nr. 4 1938. S. 126 f.

LINN (1965)

Linn, Rolf N.: Feuchtwangers ‚Erfolg'. Attizismus und asianischer Zeit. In: Weimarer Beiträge, Heft 1, 1965, S. 75 – 83

LITERATUR (1977)

Antifaschistische Literatur. Bd. 1. Programme, Autoren, Werke. Hrsg. v. Lutz Winckler. Kronberg 1977.

LITERATUR (1979)

Antifaschistische Literatur. Bd. 3. Prosaformen. Hrsg. v. Lutz Winckler in Zusammenarbeit mit Christian Fritsch. Königstein 1979.

LUKACS (1965)

Lukacs, Georg: Der historische Roman. Werke Bd. 6, Probleme des Realismus III. Neuwied, Berlin 1965.

MANN, H. (1954)

Mann, Heinrich: Der Roman. Typ Feuchtwanger. In: Feuchtwange zum siebzigsten Geburtstag. Worte seiner Freunde. Berlin 1954. S. 15 – 18

MANN, K. (1968)

Mann, Klaus: Lion Feuchtwanger. Talent und Tapferkeit. In: ders.: Prüfungen. Schriften zur Literatur. Hrsg. v. Martin Gregor-Dellin. München 1969. S. 304 – 312

MANN, TH. (1954)

Mann, Thomas: Freund Feuchtwanger. In: Lion Feuchtwanger zum siebzigsten Geburtstag. Worte seiner Freunde. Berlin 1954. S. 7 – 12

MAYER (1965)

Mayer, Hans: Lion Feuchtwanger oder Die Folgen des Exils. In: Neue Rundschau Nr. 1, 1965. S. 120 – 129

MODICK (1981)

Modick, Klaus: Lion Feuchtwanger im Kontext der 20er Jahre. Autonomie und Sachlichkeit. Königstein 1981.

MUELLER (1972)   Mueller, Dennis: Characterization of types in
                        Feuchtwangers novels. In: Lion Feuchtwanger-
                        The man, his ideas, his work. A collection of
                        critical essays. Hrsg. v. John M. Spalek. Los
                        Angeles 1972. S. 99 – 112

MÜLLER (1984)   Müller, Gudrun: Der Geschichtsroman deut-
                        scher Autoren im Exil. In: Lion Feuchtwanger.
                        Werk und Wirkung. Hrsg. v. Rudolf Wolff.
                        Bonn 1984. S. 121 – 145.

MÜLLER (1983)   Müller, Hans Harald: Lion Feuchtwanger: Er-
                        folg (1930). In: Deutsche Romane des 20 Jhdts.
                        Hrsg. v. Paul Michael Lützeler. Königstein
                        1983. S. 167 – 182

MÜLLER-FUNK (1981)   Müller-Funk, Wolfgang: Literatur als ge-
                        schichtliches Argument. Zur ästhetischen Kon-
                        zeption und Geschichtsverarbeitung in Lion
                        Feuchtwangers Romantrilogie ‚Der Wartesaal’.
                        Frankfurt, Bern 1981.

MÜLLER-FUNK (1983)   ders.: Der Erfolg der Sinngebung oder: die List
                        der Vernunft. Mythographie und Aufklärung in
                        Lion Feuchtwangers Roman ‚Erfolg’. In: Lion
                        Feuchtwanger. Hrsg. v. Heinz Ludwig Arnold.
                        Text und Kritik Bd. 79/80. München 1983.
                        S. 49 – 60

NAUMANN (1983 A)   Naumann, Uwe: Zwischen Tränen und Geläch-
                        ter. Satirische Faschismuskritik 1933 – 1945.
                        Köln 1983.

NAUMANN (1981)   ders.: ‚Preisgegeben, vorzüglich der Lächer-
                        lichkeit’. Zum Zusammenhang von Satire und
                        Faschismus in der Exilkunst. In: Faschismus-
                        kritik und Deutschlandbild im Exilroman. Hrsg.
                        v. Christian Fritsch u. Lutz Winckler. Berlin
                        1981. S. 102 – 121

NAUMANN (1983 B)   ders.: Ein Gleichnis von gestern. Über Lion
                     Feuchtwangers antifaschistische Satire ‚Der
                     falsche Nero'. In: Lion Feuchtwanger. Hrsg. v.
                     Heinz Ludwig Arnold. Text und Kritik Bd.
                     79/80. München 1983. S. 61 – 72

NEEBE (1983)   Neebe, Reinhard: Die Industrie und der 30. Ja-
                     nuar 1933. In: Nationalsozialistische Diktatur
                     1933 – 1945. Eine Bilanz. Hrsg. v. K. D. Bra-
                     cher, M. Funke u. H. A. Jacobsen. Bonn 1983.
                     S. 155 – 176 (= Schriftenreihe der Bundeszen-
                     trale für politische Bildung, Bd. 192)

NYSSEN (1974)   Nyssen, Elke: Geschichtsbewußtsein und Emi-
                     gration. Die historischen Romane der deut-
                     schen Antifaschisten 1933 – 45. München
                     1974.

OLDEN (1937)   Olden, Balder: Der falsche Nero. In: Das Wort.
                     Nr. 6 1937, S. 82 – 86

OLDEN (1984)   Olden, Rudolph: Hitler der Eroberer. Frankfurt
                     1984. (erstmals Amsterdam 1935)

PEN-CLUB (1980)   Der deutsche PEN-Club im Exil 1933 – 1948.
                     Eine Ausstellung der Deutschen Bibliothek
                     Frankfurt am Main. Frankfurt 1980.

PISCHEL (1984)   Pischel, Joseph: Lion Feuchtwanger. Versuch
                     über Leben und Werk. Frankfurt 1984.

PISCHEL (1981)   ders.: Zeitgeschichtsroman und Epochendar-
                     stellung. Lion Feuchtwanger: ‚Exil'. In: Erfah-
                     rung Exil. Antifaschistische Romane 1933 –
                     1945. Analysen. Hrsg. v. Sigrid Bock und
                     Manfred Hahn. 2. Aufl. Berlin und Weimar
                     1981. S. 224 – 245

REICH-RANICKI (1973)   Reich-Ranicki, Marcel: Lion Feuchtwanger oder der Weltruhm des Emigranten. In: Die deutsche Exilliteratur 1933 – 1945. Hrsg. v. Manfred Durzak. Stuttgart 1973. S. 443 – 457

SCHNEIDER (1980 A)   Schneider, Sigrid: Das Ende Weimars im Exilroman – Literarische Strategien zur Vermittlung von Faschismustheorien. München, New York, London, Paris 1980.

SCHNEIDER (1980 B)   dies.: Double, double toil and trouble. Kritisches zu Lion Feuchtwangers Roman 'Die Brüder Lautensack'. In: Modern Laguage Notes 95, 1980. S. 641 – 657

SCHÖLLGEN (1983)   Schöllgen, Gregor: Das Problem einer Hitler-Biographie. Überlegungen anhand neuerer Darstellungen des Falls Hitler. In: Nationalsozialistische Diktatur 1933 – 1945. Eine Bilanz. Hrsg. v. K. D. Bracher, M. Funke u. H. A. Jacobsen. Bonn 1983. S. 687 – 705 (= Schriftenreihe der Bundeszentrale für politische Bildung, Bd. 192)

STEPHAN (1979)   Stephan, Alexander: Die deutsche Exilliteratur 1933 – 1945. München 1979.

STERN (1983)   Stern, J. P.: Hitler und die Deutschen. In: Nationalsozialistische Diktatur 1933 – 1945. Eine Bilanz. Hrsg. v. K. D. Bracher, M. Funke u. H. A. Jacobsen. Bonn 1983. S. 721 – 734 (= Schriftenreihe der Bundeszentrale für politische Bildung, Bd. 192)

STERNBURG (1984)   Sternburg, Wilhelm von: Lion Feuchtwanger. Ein deutsches Schriftstellerleben. Königstein 1984.

STOCKER (1982)   Stocker, Karl: Lion Feuchtwanger. Erfolg. In: Deutsche Romane von Grimmelshausen bis Walser. Bd. 1 hrsg. v. Jakob Lehmann. Königstein 1982. S. 232 – 249

SZEPE (1978)   Szepe, Helena: Die Darstellung der Nationalsozialisten in einigen Zeitromanen der Weimarer Republik. In: Monatshefte für deutschen Unterricht, deutsche Sprache u. Literatur, Vol. 70 Nr. 2, 1978. S. 151 – 158

TRAPP (1983)   Trapp, Frithjof: Deutsche Literatur im Exil. Bern, Frankfurt, New York 1983.

TRUMPP (1983)   Trumpp, Thomas: Zur Finanzierung der NSDAP durch die deutsche Großindustrie. In: Nationalsozialistische Diktatur 1933 – 1945. Eine Bilanz. Hrsg. v. K. D. Bracher, M. Funke u. H. A. Jacobsen. Bonn 1983. S. 132 – 154 (= Schriftenreihe der Bundeszentrale für politische Bildung, Bd. 192)

WEGNER (1967)   Wegner, Matthias: Exil und Literatur. Deutsche Schriftsteller im Ausland 1933 – 1945. Frankfurt, Bonn 1967.

WEISKOPF (1981)   Weiskopf, F. C.: Unter fremden Himmeln. Ein Abriß der deutschen Literatur im Exil 1933 – 1947. Berlin und Weimar 1981.

WEISSTEIN (1972)   Weisstein, Ulrich: Clio, Teh Muse: An Anaslysis of Lion Feuchtwangers ‚Erfolg'. In: Lion Feuchtwanger. The man, his ideas, his work. A collection of critical essays. Hrsg. v. John M. Spalek. Los Angeles 1972. S. 157 – 186

WINCKLER (1981)   Winckler, Lutz: Ein Künstlerroman. Lion
                         Feuchtangers ‚Exil'. In Faschismuskritik und
                         Deutschlandbild im Exilroman. Hrsg. v. Chri-
                         stian Fritsch u. Lutz Winckler. Berlin 1981.
                         S. 152 – 178

WIPPERMANN (1983)   Wippermann, Wolfgang: ‚Triumph des Wil-
                         lens' oder ‚Kapitalistische Manipulation'. Das
                         Ideologieproblem im Faschismus. In: National-
                         sozialistische Diktatur 1933 – 1945. Eine Bi-
                         lanz. Hrsg. v. K. D. Bracher, M. Funke u. H. A.
                         Jacobsen. Bonn 1983. S. 735 – 759 (= Schrif-
                         tenreihe der Bundeszentrale für politische Bil-
                         dung, Bd. 192)

ZERRAHN (1984)   Zerrahn, Holger: Exilerfahrung und Faschis-
                         musbild in Lion Feuchtwangers Romanwerk
                         zwischen 1933 und 1945. Bern, Frankfurt,
                         Nancy, New York 1984.

ZWEIG (1959 A)   Zweig, Arnold: Feuchtwangers imaginäres
                         Theater. In: ders.: Essays Bd. 1, Ausgewählte
                         Werke Bd. 15. Berlin 1959. S. 320 –325

ZWEIG (1959 B)   ders.: Feuchtwangers Reifezeit. In: ders.: Es-
                         says Bd. 1, Ausgewählte Werke Bd. 15. Berlin
                         1959. S. 325 – 329

Anmerkungen zur Zitierpraxis

In der vorliegenden Arbeit werden alle Zitate in Fußnoten auf der gleichen Seite nachgewiesen. Bei Zitaten aus Werken Lion Feuchtwangers geschieht das unter der Angabe des Autors, des Titels des Werkes, der Jahreszahl, der deutschsprachigen Erstveröffentlichung und der Seitenzahl in der benutzten Ausgabe. Die Ausgabe selbst ist aus dem Literaturverzeichnis Teil A zu entnehmen. Die Sekundärliteratur wird durch den Verfassernamen, die Jahreszahl der Ausgabe und die Seitenzahl nachgewiesen. Die beiden ersten Angaben entsprechen die Kurzangaben im Literaturverzeichnis. Bei Tagebüchern und Briefen wurde zudem der Tag der Eintragung, bzw. das Datum des Briefes vermerkt.